计量经济学方法与人口健康研究

郭 超 胡曦元◎著

ECONOMETRIC METHOD AND POPULATION HEALTH RESEARCH

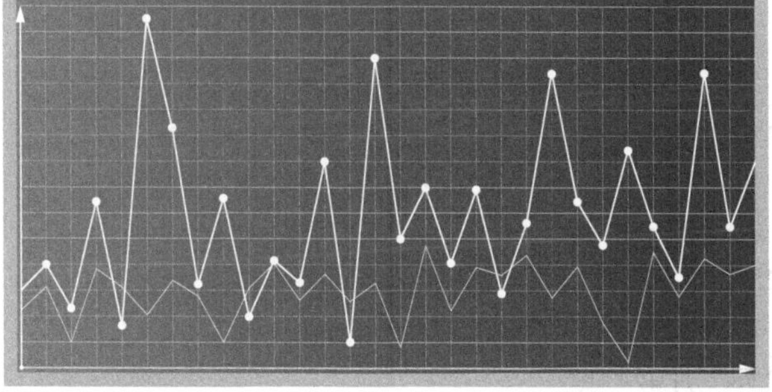

中国经济出版社
CHINA ECONOMIC PUBLISHING HOUSE
北 京

图书在版编目（CIP）数据

计量经济学方法与人口健康研究 / 郭超，胡曦元著
. --北京：中国经济出版社，2022. 8（2024.1 重印）
ISBN 978-7-5136-7054-8

Ⅰ. ①计… Ⅱ. ①郭… ②胡… Ⅲ. ①计量经济学-方法-关系-人口-健康状况-研究-中国 Ⅳ.
①F224.0 ②R197.1

中国版本图书馆 CIP 数据核字（2022）第 153095 号

责任编辑　贺　静
责任印制　马小宾
封面设计　华子设计

出版发行　中国经济出版社
印 刷 者　北京建宏印刷有限公司
经 销 者　各地新华书店
开　　本　710mm×1000mm　1/16
印　　张　14. 25
字　　数　197 千字
版　　次　2022 年 8 月第 1 版
印　　次　2024 年 1 月第 2 次
定　　价　88. 00 元
广告经营许可证　京西工商广字第 8179 号

中国经济出版社 **网址** www. economyph. com **社址** 北京市东城区安定门外大街 58 号 **邮编** 100011
本版图书如存在印装质量问题，请与本社销售中心联系调换（联系电话：010-57512564）

序 言

人口健康是重要的科学议题，人口健康问题也成为许多学科特别关注的研究主题。在人口健康研究中，随着研究主题的不断拓展、多种学科的广泛参与、研究数据的不断丰富，初学者需要更加系统的量化研究方法知识和应用经验储备，才能采用正确的方法实现对人口健康问题的研究。

经济学有着丰富的计量研究方法，对因果关系的推断有着一套完整的理论和方法体系，是人口健康研究中非常重要的方法来源。在经济学领域，与健康相关的研究逐渐增多，经济学量化方法在人口健康研究中的应用也日渐增多。做好相关研究，既需要掌握经济学量化研究的方法，也需要了解人口健康研究的主要目标、特定需求和前沿热点，更需要往交叉学科的视角与问题导向的思维方面提升研究能力。

在这种背景下，本书将从解决问题的角度出发，以实现研究目标为导向，精选典型的适用于人口健康研究和分析的经济学量化方法，同时介绍方法原理与方法在人口健康问题中的实际应用。在实际研究方法的应用与数据分析过程中，方法与案例两路齐备、两手共抓，可以综合提升有志于此的读者自主科研设计与交叉学科研究实现的能力。

本书对计量经济学方法在人口健康研究中的应用进行从概念原理、分析思路到结合 Stata 软件的实际操作的介绍，旨在帮助人口健康研究领域的初学者掌握利用科学规范的计量经济工具进行健康主题相关研究的方法，是一本交叉应用的入门书、社科计量的方法书、Stata 操作的工具书，将对经济学领域希望从事人口健康研究和医学领域希望提升规范量化方法的研究人员有一定的帮助，也是对计量经济学方法在人口健康研究中的应用相关主题感兴趣的读者的可选参考。

全书内容主要分为四个部分，共含16章：第一部分（第1章和第2章）是背景介绍，包括计量经济学方法的发展脉络与人口健康研究的基本问题、计量经济学方法的人口健康研究应用进展、常见数据与研究设计，可以增进读者对计量经济学方法与人口健康研究的交叉应用的理解。第二部分（第3~第10章）和第三部分（第11~第15章）是对具体研究方法的应用原理、分析思路及操作方法进行的逐一介绍，其中第二部分对健康现状、因素和处理效应研究的常见量化方法进行了介绍，第三部分对基于更加复杂数据类型的人口健康研究的量化方法及应用进行了介绍。第四部分（第16章）是研究结果与图表呈现方法，可以辅助读者在掌握方法后恰当地将结果在人口健康研究中展示出来。

目 录

1

计量经济学方法的发展脉络与人口健康研究应用进展

计量经济学（econometrics）作为数理分析方法和工具，主要被用于估计经济关系、检验经济理论以及评估和实施政府与商业决策（Wooldridge J M，2003），如今其也逐渐涉足医学与公共卫生领域，与人口健康研究相结合。本章首先对计量经济学方法的发展脉络予以梳理，这种回顾是概要性的，感兴趣的读者可以按图索骥，顺着参考资料进行深入阅读；继而基于CiteSpace结合文献计量与可视化知识图谱方法对计量经济学方法的人口健康研究应用进展加以评述，以期为读者进一步学习计量经济学方法与人口健康研究提供一些背景性信息与全景式速览参考。

1.1 计量经济学方法的发展脉络

个体人生和宏观社会都处于一种永恒的不确定性中，确定性是短暂而具有相对性的，由此风险也会蕴含于个体所做的选择中，故经济学即分析在不确定性中如何对有限的资源进行公平、高效的分配。落实到实际分析中，虽然自然科学中的随机对照实验是进行因果检验的极佳方法，但社会科学分析的是复杂多变的社会现象和真实具体的生命，限于不可复现、不可控制、过于昂贵和道德伦理等问题无法进行实验研究以获取实验数据（experimental data），而只能获得非实验性数据（non-experimental data），此时，后期分析方式的完善便被认为可以部分弥补前期研究设计的不足，例如，寻找和设计较好的参照组和采用准自然实验设计等，进而进行数学建模和实证分析便成为经济学研究的“左膀右臂”，以期通过模型与方法的精进来解决内生性问题以探索其因果关系。

计量经济学作为经济学研究的基础方法论和得力分析工具，建立在统计方法发展的基础之上，旨在以理论为指导，利用计量经济学方法、模型和工具对观测数据（或少部分实验数据）进行分析，通过描述现象、验证假设和发现规律等来为实践策略提供参考。得益于经验数据的获取和计算技术的发展，链接理论和方法、假设和检验的计量经济学方法获得了长足发展。

纵观计量经济学的发展脉络，由挪威经济学家 Ragnar Frish 和美国经济学家 Erving Fisher 于 1930 年成立的世界计量经济学会（Econometric Society）可以认为是计量经济学作为一个学科诞生的象征之一，其中 Ragnar Frish 是公认的计量经济学奠基人。而计量经济学这一相对较为年轻的经济学分支的发展离不开成立于 1932 年的考尔斯经济学研究委员会（Cowles Commission for Research in Economics，简称 Cowles Commission，即 CC）的资助（王少平等，2013），CC 范式对后来的计量经济学发展影响深远。1930—1960 年，计量经济学作为一门学科取得了重要进展，其解决了计量经济学建模的基本问题，如概率基础、估计、识别、测试以及模型的构建等，但这一阶段仍存在理论模型与实际问题匹配失败等问题（Qin D，1997）。1970 年，计量经济学界开始了改革 CC 范式的方法论尝试，包括学习者贝叶斯回归模型选择策略（learner's bayesian regression model selection strategy）、矢量自回归方法（Vector Autoregressive Approach，VAR）和伦敦经济学院派（London School of Economics，LSE）的发展（Qin D，2013）。总体而言，尽管 CC 范式内部存在分歧，但学界还没有就替代它的明确方法达成共识，即 CC 范式的转变还没有发生（Qin D，2013）。

就计量经济学在我国的发展而言，虽然其起步晚，但也经历了较快的成长。1979 年中国数量经济学会的成立标志着中国计量经济学的诞生，李子奈（2008）将其分为 20 世纪 80 年代初至 90 年代前期的推广普及期、90 年代中后期至 20 世纪末教学的提高与应用研究的推广期以及 21 世纪初期直至目前的发展与创新期。

当然，计量经济学也存在一定的局限性，例如，由于经济数据的非实验性而无法在模型中纳入所有未知或不可观测因素、经济变量不满足同质性假设、经济关系的渐进式结构变化以及数据质量缺陷等（洪永淼，2007），这启示我们在利用相关分析工具与方法时宜采取谨慎态度。尽管受到社会文化情境的影响，但致力于在可控条件下研究个体行为的实验经济学做出了突破经济数据的观测性这一局限的尝试（Samuelson L，2005）。虽然以计量经济学为例的社会科学远未达到建立如物理学等自然科学的成熟模型，但它依然为我们观察、认识与改变由兼具生物性和社会学的人所组成的社会，迈向实现个体发展的个体生活与构建尊重平等多元的世界提供了诸多启发和引导。

展望未来，无论就计量模型而言还是就实证分析而言，计量经济学都是国内外的研究重点与热点，且国外研究已从曾经的以经济学和教育学为主，进入了医疗和环境等领域，空间计量经济学也成为快速发展的一个方向（邱均平等，2019）。同时，在“互联网+”时代，数据足迹的种类越发多样，利用大数据进行创新性研究也成了新的突破口（汪寿阳等，2019）。总体而言，计量经济学的应用前景广阔。

1.2 计量经济学方法的人口健康研究应用进展评述

正如 Angristy 所指出的，应用型计量经济学的关注与其他社会科学或流行病学并没有本质的不同，任何对利用数据来制定公共政策或促进公众健康感兴趣的研究者都需要学习使用统计工具和消化统计结果（Angrist J D et al.，2009）。本书的立意是帮助读者在将计量经济学方法应用于人口健康主题时更好地选择工具和理解结果，在此之前，笔者首先对过往研究予以评述及对未来趋势进行展望。

在该部分，笔者利用美国德雷塞尔大学陈超美教授研发的文献计量分析软件 CiteSpace 对计量经济学方法的人口健康研究应用予以可视化分析，特别介绍其中的知识基础和研究前沿，以期使读者对该研究主题的过往关切与未来趋势有所了解。

1.2.1 分析方式

CiteSpace 可以被用于探索从研究前沿到其智力基础的时变映射以检测和展示某一主题或领域学科随着时间推移出现的变化和趋势（Chen C，2006；Chen C et al.，2012）。以 *Web of Science* 英文期刊全文数据库核心合集为文献检索源，检索式为“TS = Econometric * AND TS = health and Articles”，时间范围为 2000—2020 年，共检索到 1560 篇文献。末次检索时间为 2021 年 12 月 28 日。利用 CiteSpace5. 8 R3 软件筛查发现没有重复文献。

1.2.2 总体情况

首先，从发文量、发表期刊和作者所在国家（地区）来获悉该领域的总体情况。

由图 1-1 可知，应用计量经济学方法的人口健康研究发文量逐年上升，特别是 2012 年至今相关研究骤增，值得注意的是，一些大型传染病的暴发往往会特别引起学者对健康主题的关注，例如，2003 年严重急性呼吸综合征（Severe Acute Respiratory Syndrome，SARS）后的 2004 年和 2019 年新冠肺炎（Coronavirus Disease，COVID-19）疫情后的 2020 年形成发文的小高峰（详见图 1-1）。

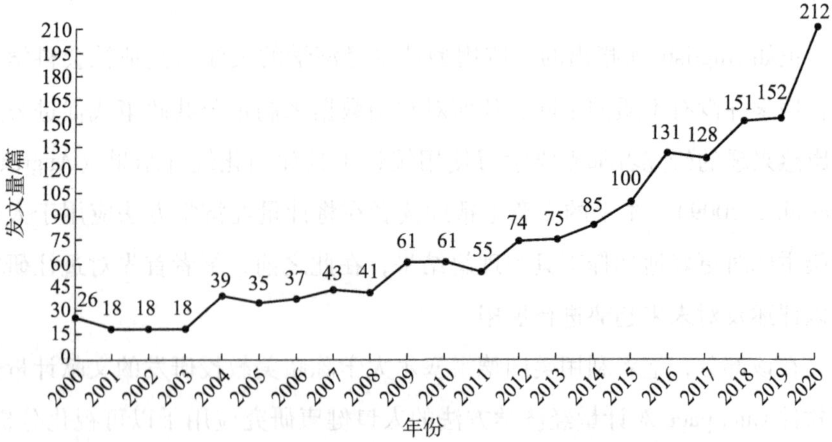

图 1-1 2000—2020 年发文量变化

关于发表的期刊，一方面，期刊质量均较高；另一方面也呈现出计量经济学和人口健康主题交织的特点，既有《计量经济学》（*Econometrica*）、《美国经济评论》（*American Economic Review*）和《政治经济学期刊》（*Journal of Political Economy*）等经济学核心期刊，也有《柳叶刀》（*Lancet*）、《美国医学会杂志》（*JAMA-Journal of the American Medical Association*）、《新英格兰医学杂志》（*New England Journal of Medicine*）等医学核心期刊，当然也不乏两者交织的期刊，如《健康经济学》（*Journal of Health Economics*）、《社会科学与医学》（*Social Science & Medicine*）等（详见表1-1）。

表1-1　高频期刊分布（出现频次大于200）

频次	初次出现年份	期刊
524	2000	*Journal of Health Economics*
471	2000	*Econometrica*
444	2000	*Health Economics*
433	2000	*American Economic Review*
390	2001	*Social Science & Medicine*
373	2000	*Journal of Econometrics*
294	2000	*Lancet*
292	2000	*Journal of Political Economy*
285	2001	*Quarterly Journal of Economics*
271	2000	*Review of Economics and Statistics*
242	2000	*JAMA-Journal of the American Medical Association*
237	2000	*Journal of the American Statistical Association*
226	2001	*Journal of Human Resources*
223	2000	*New England Journal of Medicine*
217	2000	*American Journal of Public Health*
209	2002	*Review of Economic Studies*

其次，对这些期刊按照标题、关键词及摘要内容进行聚类，如图1-2所示，可以看到其集中分布于烟雾污染（haze pollution）、脑卒中患者（stroke survivor）、经济增长（economic growth）、新冠肺炎传播（COVID-19 transmission）、社会资本（social capital）、中心凹下脉络膜新生血管（subfoveal choroidal neovascularization）和患者满意度（patient satisfaction）这7个共被引集。其中，与前两个共被引集关联的文献均为 Leonard 等（2014）利用工具变量和准实验设计对社区环境与食物消费之间的关系进行的分析。

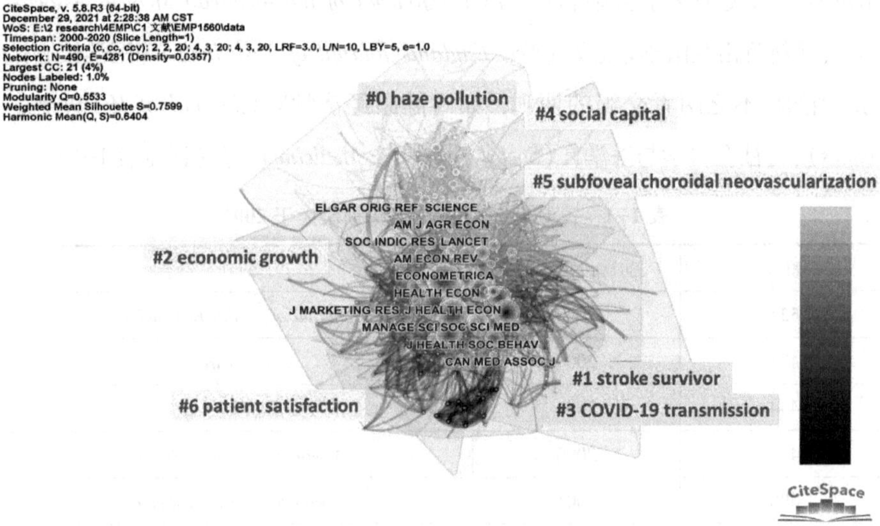

图 1-2　被引期刊共现和标题、关键词及摘要聚类网络知识图谱

最后，作者所属国家（地区）位列前五的为美国、英国、中国、澳大利亚和德国，美国在该领域的研究时间较早且积累较多，其他国家与之差距较为悬殊（见表 1-2）。

表 1-2　国家（地区）分布（出现频次大于 10）

频次	初次出现年份	国家（地区）
558	2000	美国
160	2008	英国
113	2012	中国
69	2011	澳大利亚
66	2008	德国
50	2008	西班牙
49	2012	意大利

续表

频次	初次出现年份	国家（地区）
41	2009	加拿大
39	2001	英国
38	2010	法国
32	2011	荷兰
26	2012	瑞士
14	2000	加拿大
14	2018	印度
13	2017	俄罗斯
13	2017	伊朗
11	2017	巴基斯坦

1.2.3 研究热点

研究热点反映了该领域的研究关切与分析重点。首先对关键词共现予以可视化展示（见图 1-3），如表 1-3 所示，健康（health）、影响（impact）、模型（model）、需求（demand）、死亡率（mortality）、照护（care）、决定因素（determinant）、成本（cost）、增长（growth）、健康照护（health care）和风险（risk）这些与健康议题及经济学模型均有关联的词语是该主题的高频词。

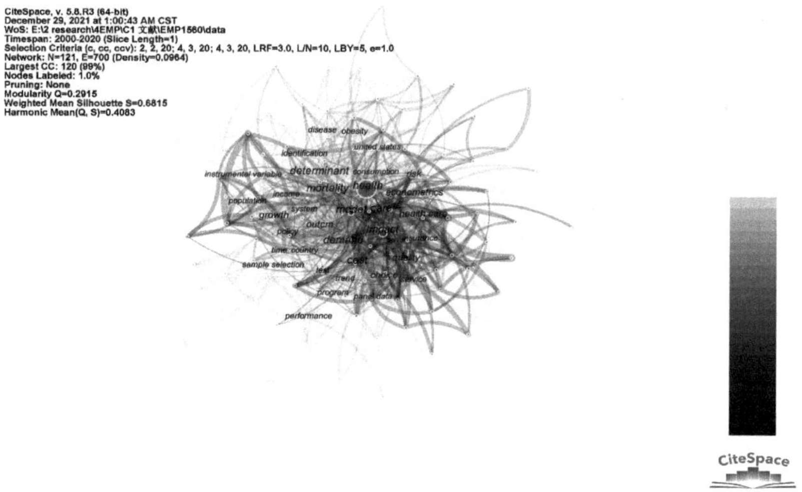

图 1-3 关键词共现网络知识图谱

表 1-3　高频关键词词频（出现频次大于 50）

频次	初次出现年份	关键词
279	2000	health
186	2000	impact
178	2000	model
97	2000	demand
86	2000	mortality
85	2000	care
77	2003	determinant
68	2000	cost
58	2014	growth
55	2002	health care
54	2000	risk

以关键词进行聚类得到图 1-4，可以看到形成了健康照护（health care）、肥胖（obesity）、影响（impact）、经济增长（economic growth）、长寿（longevity）和得克萨斯州（texas）这 6 个共被引集。其中，健康照护和长寿在一定程度上反映了逐渐席卷全球的老龄化带来的学界关注，以及随着生活方式变迁和疾病转型，肥胖成为困扰各个年龄段人群的健康危险因素，而在方法向上，探究自变量对因变量的因果影响而非关联关系仍是该领域的研究方向。

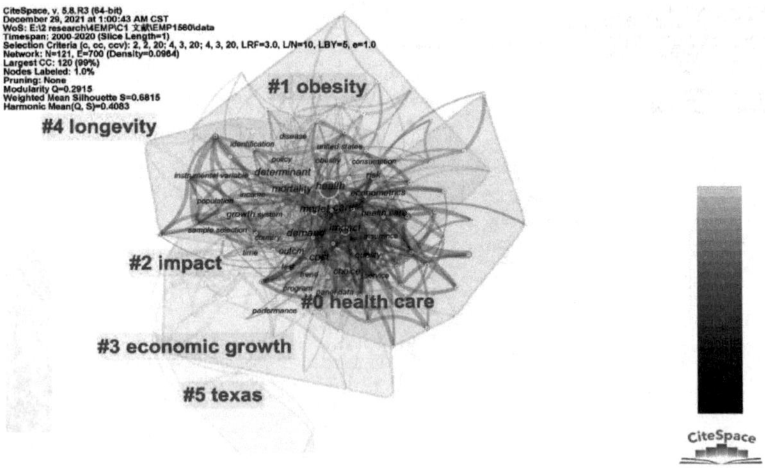

图 1-4　关键词聚类知识图谱

为了更具体地看到研究热点，笔者分别对标题、关键词及摘要进行了聚类分析（见图 1-5），得到潜类别（latent class）、5 岁以下儿童死亡率（under-5 mortality rate）、投资组合理论（portfolio theory）、健康支出（health expenditure）、人口老龄化（population ageing）和烟雾污染（haze pollution）这 6 个共被引集。其中，与潜类别被引集关联的文献为 Lehmann 等（2004）利用潜类别和纠正样本选择偏误方法对放松社会医疗保险管制节约的成本进行的估算，与 5 岁以下儿童死亡率被引集关联的文献为 Christopoulos 等（2020）利用空间计量经济学对医疗保健支出与健康结果之间的关系进行的检验。综述之，采用计量经济学方法的人口健康研究的研究热点呈现出计量经济学、儿童健康、老龄化和环境议题的交织与融合的特点。

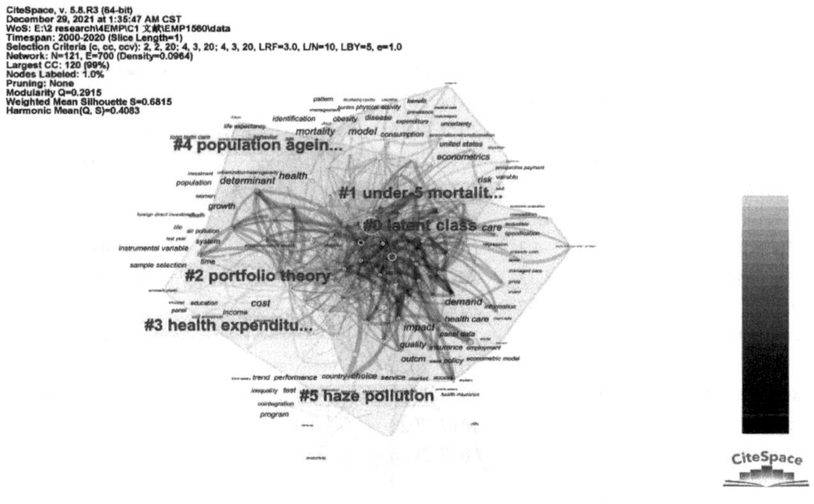

图 1-5　标题、关键词及摘要聚类知识图谱

1.2.4　研究前沿

研究前沿暗示着突然兴起抑或处于酝酿状态的研究趋势和未来方向，CiteSpace 利用突现词检测来捕捉不同研究主题的研究前沿并归纳相关发展路径（Chen C，2006），笔者按照出现早晚顺序排列得到了 36 个突现词（见图 1-6）。

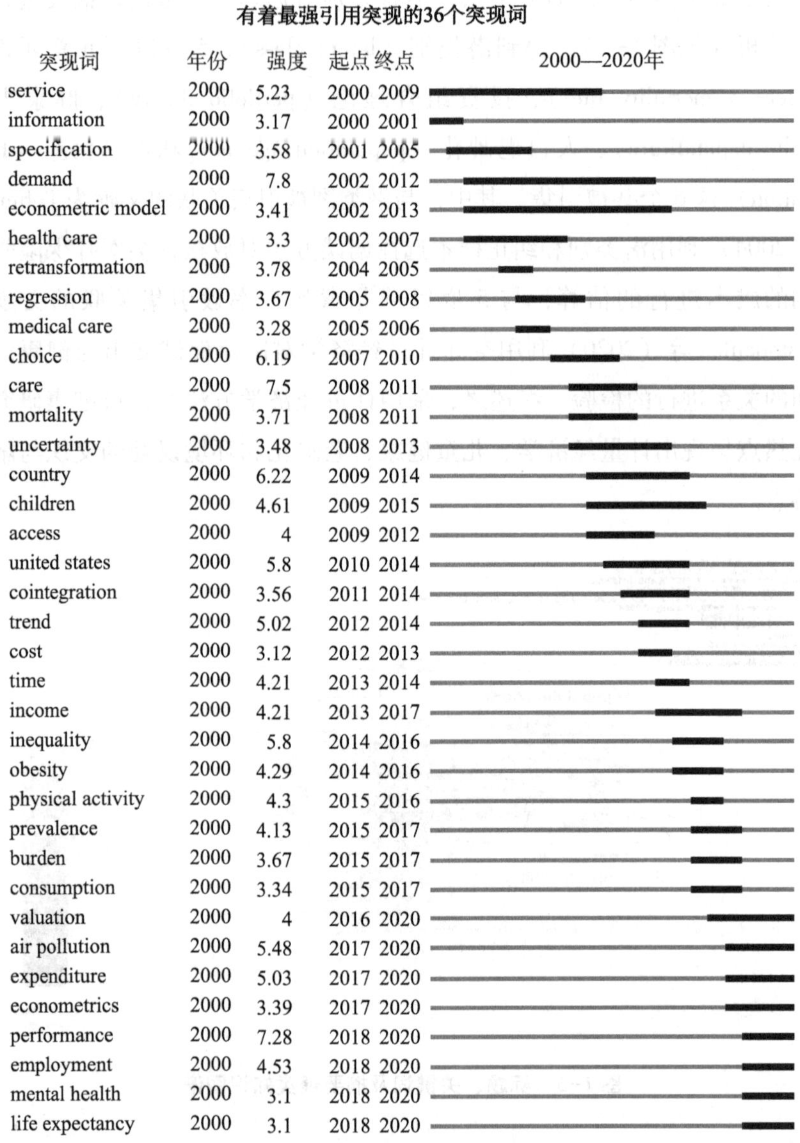

图 1-6 关键词突现知识图谱

就突现时间而言，计量经济学模型（econometric model）、需求（demand）和服务（service）突现时间分别为 2002—2013 年、2002—2012 年和 2000—2009 年，其持续时间较长，吸引了学者更持久的关注。就突现强度而言，表现（performance）、国家（country）和选择（choice）强度分别为7.28、6.22和6.19，表明其受到了较高的重视。就近期而言，自2018年突现的表现（performance）、雇用（employment）、心理健康（mental health）和预期寿命（life expectancy）被纳入更广泛的研究视野。总体来说，虽然诸如心理健康等健康议题逐渐被人们所正视和重视，但采用计量经济学方法的人口健康研究的研究前沿更多的还是与计量经济学模型及方法的进展息息相关。

2

人口健康研究的研究问题与设计

了解人口健康的基本概念及研究范畴是开展针对性研究的基础。作为一个涉及多学科的复杂问题，也是在交叉学科土壤下成长起来的综合学科，人口健康研究与近亲人口研究和医学研究既有诸多相似、相近的研究议题，又有其独立、独特的研究要点。

2.1 人口健康研究的基本概念

2.1.1 人口与健康的基本概念

人是社会生活的主体，也是发生人口健康各种现象的主要对象。探讨人口健康，需对人口本身的属性与特征有所了解，也要对人口与健康之间的关系有所理解，进而摸清学科之间交叉的要点，使其发挥彼此的优势作用，更好地针对研究问题开展设计和分析。

2.1.1.1 人口的概念与特点

在我国当代人口学典籍中，人口被定义为生活在一定社会生产方式、一定时间、一定地域、实现其生命活动并构成社会生活主体，具有一定数量的人所组成的具有一定规模和质量的社会群体（向洪等，1994）。

由这个定义可知，群体性是人口区别于个体人的落脚点，时空与内容上的规定表明了该群体应具有一定程度的同质性以使其区别于其他群体，这种同质性同时体现在自然与社会两个方面，形成了人口的自然属性与社会属性。自然属性即生物本性，体现为人这一类生物固有的遗传特征、生理和生长规律，使人在自然界中成为独立的一类。社会属性则使得人类在本质上区别于所有其他物种，虽然群体性生物不一而足，但人类能够使用工具的特性，使得人类群体具有了生产力，产生了生产关系，进而在共同的物质生产活动基础上形成了相互联系的人类生活共同体——社会（卢之超，1993），从而具有了社会属性。

同时，该定义也表明人口应同时具备数量和质量两个要素。数量，是从量的角度规定人口的特性，既包括数量的值，也包括值的增加与减少；从总体视角观察某一人口数量的总和绝对值便是人口规模，从内部差异的视角考察不同特征人口数量的相对多少和比例关系即人口结构。质量，也称素质，是从质的角度规定人口的特性，以人口总体认识世界、改造世界的条件和能力为外在体现，一般包括人口的身体素质、人口的科学文化素质以及人口的思想道德素质（吴忠观，1997）。

而在由联合国人口委员会（Population Commission of the United Nations）委托、国际人口学会（International Union for the Scientific Study of Population，IUSSP）编写的 *Multilingual Demographic Dictionary*① 中，人口（population）仅被定义为“给定区域的所有居民”，因为在英文中，“population”一词通常用于表示具体的规模，即总量。其实，这也与汉语语义中“人口”的本义相似。从语素的结构来说，“人口”是一个偏正式的合成词，“口”是中心语，“人”是修饰词。可见，“人口”一词的侧重点在于“口”，这充分体现了人口具有数量的规定性以及人口数量在人口问题中的重要性。尤其是在古代农耕社会，“人口”既是食物消耗的根源，也是农作生产力的来源，这决定了社会物质需求与供应的根本关系。

2.1.1.2 健康的定义及其发展

国内外关于健康的定义使用较多的是 1948 年世界卫生组织（World Health Organization，WHO）在其章程中给出的定义。1946 年 6 月 19 日至 7

---

① 资料来源：http：//demopaedia.org/tools/IMG/html/en-ii.html#introduction13。

月 22 日，国际卫生会议在纽约举行，会上通过了《世界卫生组织章程》，其由 61 个国家代表签署，于 1948 年 4 月 7 日生效。《世界卫生组织章程》（1948 年）将健康概念化为：健康不仅是没有疾病或虚弱，而且是身体、心理和社会三方面的完满状态（Health is a state of complete physical，mental and social well-being and not merely the absence of disease or infirmity）。从该定义来看，人们很早就已经意识到，健康与微观意义上的身体、心理与社会的状态都有关系，并可能受到宏观意义上的社会变动、社会政策的影响。

1948 年以来，世界卫生组织对这一关于健康的定义一直沿用至今，尚未进行官方修正。虽然如此，但关于健康范畴的国际层面的讨论仍在继续。例如，1983 年 5 月，世界卫生组织 22 个成员国提交草案，建议在健康概念中加入道德维度（spiritual dimension），并将其纳入所有健康战略。在次年（1984 年）举办的第 37 届世界健康大会上，其进一步提议在 2000 年之前所有健康战略涵盖道德维度。1998 年，世界卫生组织执行委员会通过第 EB10. R2 号决议，建议世界卫生大会在章程序言中的健康定义中加入“Spiritual”一词。但是，由于当时全体成员国没有通过该决议，使得这一计划未能成行。

从健康的定义及其发展方向上可以看出，人们对健康讨论涵盖的范畴与人口学关于人口素质的探索似乎殊途同归。健康含义中的身体、心理维度与上文提到的人口身体素质密切相关，健康含义中的社会完好性，甚至后来扩展的道德维度也与人口的科学文化素质、思想道德素质息息相关。可见，人口的本质属性中包含了对健康的规定性，而健康也必然可以服务于人口的长期发展。

当前，健康已经成为全球发展的优先事项，世界卫生组织强调：享有可达到的最高健康标准是每个人的基本权利之一，不分种族、宗教、政治信仰、经济或社会条件，各国政府应对各国人民的健康负责。我国也在《“健康中国 2030”规划纲要》中明确指出健康的重要性，即“把健康摆在优先发展的战略地位，立足国情，将促进健康的理念融入公共政策制定实施的全过程”。

2.1.2 人口健康的概念与内涵

人口健康，顾名思义，即某一人口的健康状况与水平。其中，衡量健康状况时，一般有健康结局、健康相关行为和健康照料服务 3 个维度。基于既往的相关定义（刘福岭，1990；王翔朴等，2000）和对新时期健康的理解，笔者将这 3 个概念的定义归纳如下：

（1）健康结局（health outcomes）：狭义上是指个体暴露于某致病因子或接受某种预防、治疗措施而可能出现的全部后果。换言之，因针对某一健康问题而采取的措施后所觉察到的健康状况，如发病、痊愈、缺陷、残疾、死亡等。而在人口层面，健康结局涵盖的范围非常广泛，不仅涉及从机体内在病生理、功能、结构层面考量的疾病与伤害，还包括更多从外在功能与社会参与方面考量的各类残疾、与人群死亡息息相关的预期寿命，甚至包括从主观层面考量的各种健康感受。

（2）健康相关行为（health realted behaviors）：是指与健康和疾病有关的行为，既可以是个体的，也可以是群体的；既包括健康促进行为，也包括健康危害行为。健康促进行为是个体或群体做出的可以使自身或他人健康受益的行为；健康危害行为是个体或群体做出的违反个人和社会健康期望的行为。

（3）健康照料服务（health care services）：狭义上是指卫生保健服务，即由卫生保健人员或专职医师为个人或社区提供的服务，其目的在于促进、保持、监测或恢复健康。健康服务内容涵盖范围比医疗服务内容更广泛，后者是指医生进行的或在监督指导下的治疗活动。而随着社会经济和技术的发展，健康照料服务的范围也在不断扩大，从而将非医疗人员（如社区和社会工作者、健康和健身指导者、家庭照料者等）所提供的服务甚至自我保护也包含在内。健康服务往往需要同时考虑需求和供给两方，也涉及健康制度与资源的配置。

一些概念框架可帮助我们更好地认识和理解人口健康问题。例如，2006 年澳大利亚健康与福利研究所（Australian Institute of Health and Welfare）在其发布的年度报告中提出了人口健康概念框架（见图 2-1）。该框架以包括了预期寿命、死亡、主观健康、功能、残疾、疾病、伤害等体现健康结局的“健康”（health and well-being[①]）为核心，梳理了其与决定因素、干预以及资源与制度之间的关系。该框架认为人力、财务、研究、评价、监测、监督、技术等资源与制度决定着预防和健康促进、治疗和护理康复等干预的供给，在直接影响健康与福祉的同时，也会通过影响生物医学和遗传因素、社会经济因素、环境因素以及健康行为等的变化间接作用于健康结局。

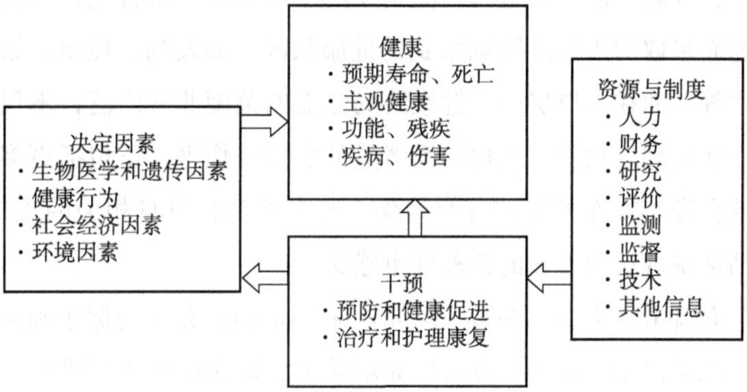

图 2-1　澳大利亚人口健康概念框架

注：本图为作者自译，原图见《澳大利亚健康 2006》（Australian Institute of Health and Welfare，2006）。

2.1.3　人口特征与健康的关系

除上述衡量健康的主要维度外，人口健康也离不开人口本身的特点。事实上，还有一门相似的学科，即健康人口学，其立足于利用多个相关学科的理论和方法综合研究健康结局、健康相关行为和健康照料服务利用在不同人口特征人群中的分布和动态变化过程，从而找出人口特征变化与健

① “well-being”一词被用于该框架中，有与 health 并列之意，故此处共同称为“健康”。在世界卫生组织的 Health 概念里也出现了该词，为了避免循环定义，一般将其翻译为“完好”。此外，well-being 有时还被译为“幸福”，如英文“Subjective Well-being”（SWB）一词，一般认为是主观幸福感；也有研究将其翻译成“福祉”，且在近年来比较多见。从汉语理解来看，“幸福”的语义更偏向个人层面，“福祉”除幸福的含义外，还包含利益、福利的内容，代表美满祥和的生活环境、稳定安全的社会环境、宽松开放的政治环境，在涉及更为宏观的语境下更为适用。

康转变之间相互作用和相互制约的规律（Louis G. Pol，2005）。

人口健康研究除关注人口层面的健康结局、健康相关行为、健康照料服务外，还需要对人口特征与上述三者之间的关系进行更为深刻的思考。由于人口质量本身即与健康相辅相成，在这个问题上，人口数量和结构与其他要素的互动就显得格外重要。一般而言，一个简单的逻辑关系，如由于任何人口都是由不同特征的子人口构成的，而不同特征的人口往往有着不同的健康行为特点，不同健康行为又可能导致不同的健康结局，进而影响健康服务的需求与利用，因此，人口数量和结构的变化将对健康问题的各个维度产生重要影响；反之，对服务的利用情况的差异又可能与远期健康结局相关，也可能会导致人口特征分布的变化。这其中又有四者彼此之间很多交互的作用（如健康结局受到健康行为的影响，也会促进新型行为习惯的养成，健康服务的干预能够改善健康结局，不同的健康结局也意味着对健康服务的不同需求等），并受到外界宏观环境和社会经济发展的共同影响，这使得人口健康问题更为复杂、多元。

2.2 人口健康研究的主要问题

人口健康的定义与概念内涵提示了人口健康研究的主要问题所在。大体上说，人口健康相关的研究可以分为理论与方法研究以及实证与应用研究两大类。

人口健康研究具有多学科起源，人口学、医学、统计学等交叉学科理论与方法都为人口健康研究奠定了坚实的基础。而未来需要突破的，则是多学科理论方法的融合与创新，这也正是人口健康相关的理论与方法研究的主要内容。

从问题内容角度来看，人口健康相关的实证与应用研究涉及的范围非常广泛，但归纳起来仍然是围绕人口健康概念与内涵展开的以下几个相互交织的问题，包括健康结局、健康相关行为在内的健康决定因素，以及健康政策、项目与服务。而从分析角度而言，关注的重点又包括现状研究、关联因素分析和处理效应研究，从而形成与前述各问题内容相互搭配而开展的研究，如某种健康结局的现状和关联因素分析，某种健康行为、健康因素的现状及其与健康结局的关系，某种健康行为、健康服务或健康政策的效应或影响等。本部分主要对问题内容上的几个方面进行详细介绍，而分析方法将在后续章节中顺次具体介绍。

2.2.1 健康结局

关于健康结局，根据上文的定义和澳大利亚人口健康概念框架等可以总结出，客观视角的健康结局至少应包括以下几个既有所并列也有所递进的维度。

2.2.1.1 疾病与伤害

疾病与伤害是从病生理和结构的角度考察健康状况的维度。疾病（disease）是指机体在一定的致病因素作用下所发生的一种异常生命活动过程，可表现为形态、结构、功能和代谢上的一系列变化，呈现出临床症状和体征，或为无明显症状与体征的亚临床表现（中国营养学会，2013）。伤害（injury）则偏重于解剖解构的完整性，是指在某种因素作用下人体解剖完整性的破坏或器官及组织生理机能受到的阻碍（宋国华，1989）。为区别于疾病，伤害的起因多指各种外因，如中毒、冷热伤害、机械性伤害等。

为了进一步对人类广泛的健康问题进行描述、交流和分析，使得在国际背景下可以描述和比较各国、各地区人口健康的情况，世界卫生组织开发了一系列标准化的分类工具，形成了世界卫生组织国际分类家族（WHO Family of International Classifications，WHO-FIC）。其中，最初成形并得到广泛应用的是《疾病和有关健康问题的国际统计分类》（*International Statistical Classification of Diseases and Related Health Problems*，ICD）。ICD 最初起源于 18 世纪统计学家们对疾病系统性分类进行的尝试，至 19 世纪，于 1853 年在比利时布鲁塞尔举行的第一届国际统计大会上，编制一个统一的死因分类被正式提出并被有组织地着手进行。至 1948 年，在世界卫生组织接手后，几经修订的ICD雏形《疾病、伤害与死亡原因国际统计分类手册》（*Manual of the International Statistical Classification of Diseases, Injuries, and Causes of Death*）问世，这标志着国际生命和健康统计新时代的开始。如今，ICD的最新修订版ICD-11已于2019年在第72届世界卫生大会上通过，并于2022年1月1日生效。ICD-11集成了ICD-10的不同修改和改编，包含了“游戏障碍”“传统医学”“COVID-19”等与时俱进的内容，在确保了数据长期可比性的同时保留了对其动态更新的空间，以反映当前的全球临床需求，并为我们所处的数字时代提供了标准化解决方案。

2.2.1.2 残疾

目前较为通用和权威的残疾的定义是由世界卫生组织给出的。在其于2001年编写制定的另一个著名的分类标准《国际功能、残疾和健康分类》（*International Classification of Functioning, Disability, and Health*, ICF）（World Health Organization, 2001）中，残疾（disability）被定义为一种由人体某种健康状态与背景因素在消极方向的动态交互结果。

其中的健康状态（health conditions）是指疾病（diseases）、伤害（injuries）以及障碍（disorders）等，背景因素（contextual factors）包括个人因素和环境因素。个人因素（如积极性和自尊心）可能会影响个人如何进行社会参与。环境因素是不同功能水平的人所必须生活和行动的外部环境，这些因素（如物质和科技、自然和人造环境、支持和关系、态度和服务、制度和政策）对于健康状况可能是促进也可能是阻碍。

而作为结果的复杂的、动态的、多维的人体状态包含以下3个相关方面：损伤、活动限制和参与障碍。

（1）损伤（impairments）：是指机体功能的问题或结构的改变，如瘫痪或眼盲。

（2）活动限制（activity limitations）：是指实施活动的困难，如行走或饮食。

（3）参与障碍（participation restrictions）：是指任何生活参与方面的问题，如工作或行动中遇到的歧视。

作为一个涵盖性的术语，残疾可以表示任意或全部上述3个功能领域的困难。上述各部分以及彼此之间的交互作用形成了ICF对于残疾的概念框架（见图2-2）。

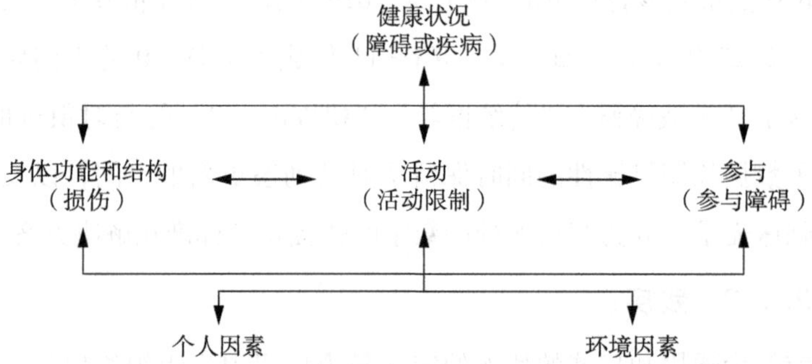

图2-2 《国际功能、残疾和健康分类》残疾概念框架

注：本图为作者自译，英文原图见《国际功能、残疾和健康分类》（World Health Organization，2001）。

由此可见，残疾不仅是医学模式下身体的异常，还包含社会模式中社会参与和活动的障碍，残疾本身是一个需要在"生物—心理—社会"模式下寻求医学和社会两方面平衡的概念（郭超，2016）。

事实上，如今这个相对完善的残疾定义，也是经过一系列的修正和完善而形成的。在残疾定义发展之路上，还值得一提的是世界卫生组织在其于1980年编写制定的《国际损伤、残疾和残障》（*International Classification of Impairments*，*Disabilities*，*and Handicaps*，ICIDH）中提出的另一个与残疾相关的概念性框架。该框架从损伤、残疾及残障3个维度讨论了残疾问题，并就其定义分别做出如下解释：

（1）损伤（impairment）：是指任何心理、生理或者解剖结构或功能的损失或异常，通常被认为是发生在器官或系统功能的水平。

（2）残疾（disability）：是指（由于损伤所致的）在正常范围和方式进行的活动中任何能力的限制和缺乏，关心的是功能性的行为或活动以及其中的限制对整个人产生的影响。

（3）残障（handicap）：是指损伤或残疾对特定个体造成的不利，导致其履行某种正常角色时受到限制或阻碍，关注的是人作为社会个体所反映出的与其周围环境的互动和适应。

可见，如今 ICF 中残疾的定义更像是 ICIDH 中 3 个概念的综合，正如 ICF 中所言，残疾是一个涵盖性（universal）的术语。

2.2.1.3 寿命与死亡

死亡是与出生紧密联系的术语。联合国经济和社会事务部（Department of Economic and Social Affairs of United Nations）（2014）将死亡（death）定义为在活产发生后的任何时间内所有生命迹象的永久消失，即出生后生命功能的停止并再无复苏能力。其中，活产（live birth）的含义是指不论妊娠期长短，从母体中完全排出或提取妊娠产物后，其呼吸或显示出任何其他的生命迹象（如心脏跳动、脐带搏动或自愿性肌肉的明确运动，无论脐带是否剪断或胎盘是否附着）。由此，死亡事件及其统计分析只能在活产之后产生，以区别于胎儿死亡。相对地，胎儿死亡（foetal death）是指不论妊娠期长短，从母体中完全排出或提取妊娠产物之前的死亡。胎儿死亡常见的形式有死产、自然流产和人工流产等。

而人从出生到死亡所度过的时间，便是寿命（life span）。寿命常常以年为单位，表现为生存年限，个人的寿命即相当于死亡时的确切年龄。在人口健康研究中，了解人口的平均寿命是非常重要的，其中可以显示新出生人口平均预期可存活年数的是 0 岁人口平均预期寿命，这一最常用的指标是分析、评价一个国家或地区的人口健康状况与社会经济发展水平的敏感指标。更为一般地，预期寿命（life expectancy）是指在一定年龄组的死亡率水平下，该年龄组的一批人从出生到死亡平均可能生存的年（岁）数（郑晓瑛等，2019）。它并非人口真实死亡年龄的平均值，而是基于当前死亡水平对人口未来可能达到的平均寿命水平的预判。

2.2.1.4 主观健康

主观健康（subjective health），也称感知健康（perceived health）、自评健康（self-rated health），是指个人如何评价自己的健康状况。主观健康不好的人即那些认为自己生病的人。在世界卫生组织的健康调查中，主观健康是用如下问题进行调查的：

“一般来说，如何评价你今天的健康状况？”

“In general，how would you rate your health today?”

（1）“非常好”，（2）“好”，（3）“中等”，（4）“差”或（5）“非常差”。

（1）“very good”，（2）“good”，（3）“moderate”，（4）“bad” or （5）“very bad”.

上述几类主要的健康结局描绘了人口生命历程中健康维度的主要状态，各状态之间存在密切的联系，无论是主观的健康状态还是客观的健康状态，都可能在内外因素作用下出现疾病（伤害），疾病的转归可能是康复，或者进一步出现功能或参与能力上的障碍而形成残疾，而且在疾病（伤害）与残疾内部也存在复杂的共病和共残现象，而从出生到死亡的时间历程即寿命（见图 2-3）。在对多维度健康结局各自现状、趋势进行探索的同时，对多维度健康状况彼此之间的转化关系进行分析，也是人口健康研究的重要内容之一。

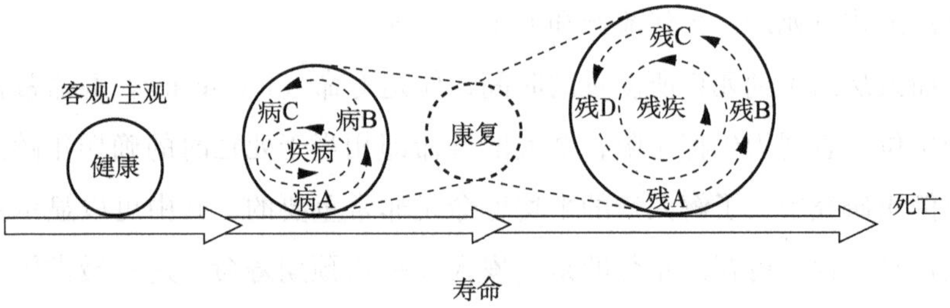

图 2-3　主要人口健康结局的关系示意图

资料来源：郭超．中国老年精神与躯体共残现状及影响因素研究［D］．北京：北京大学，2016：33.

2.2.2　健康决定因素

是什么影响了人口健康？研究者从多个方面给出了线索，表明人口健康不仅受遗传物质、行为选择和保健服务的影响，还受到教育水平、自然与社会环境、与朋友家人之间的关系、居住环境与收入等生活条件的影响。而对健康的社会决定因素的探索，正是人口健康研究重点关注的一类问题。

健康的社会决定因素（Social Determinants of Health，SDH）是人们出生、成长、生活、工作和年龄的条件，以及用以解决健康问题的制度体系。这些情况是由全球、国家和地方各级的资金、权力和资源的分配产生的，受到经济、社会政策、政治等更为宏观、广泛的力量的影响。

SDH 对个人、社区和人口的健康条件进行了设定，如分配不公可能导致健康不平等，因而 SDH 引起了人口健康研究者的广泛关注。

2.2.3 健康政策、项目与服务

健康政策是指各级政府、政党或其他社会组织为了实现人口健康目标而规定的行动准则和规范，其表现形式包括各种法律、法规、规划、计划、制度、方案等。健康政策的实施应有助于引导人口健康事业的发展方向、调节卫生资源配置、协调各相关利益方面的关系和矛盾等，以最终改善人口健康状况并促进人口健康长期可持续发展。

一项健康政策一般需要由若干个规划、计划、项目的实施来实现，其中项目是指为达到一种具体目的而设计的一系列系统化行动步骤（陆雄文，2013），而健康服务往往也是健康政策和项目一个长期而广泛的组成部分。健康项目从内容上包括预防项目、医疗项目、保健项目、康复项目、健康促进与教育项目、计划生育项目等；在实施的地点上可以是医疗机构、社区，甚至家庭；面向的对象不仅包括人口，还可以包括有助于协同促进人口健康的其他生物和自然环境。

在政策学中，政策分析与政策评估是政策研究的两大要素，前者是指在政策实施前对备选政策进行调研、制定、分析、筛选和预期效果的评判，后者是指在政策实施后对实施过程各个阶段、各个环节的产出与影响进行监测和评估。而在人口健康研究中，研究者对健康政策、项目、服务的效果评价更为在意，这常常需要使用处理效应的分析手段和方法。

2.3 人口健康研究的研究设计

在开展人口健康研究之前，研究者需要先对整个研究过程有一个清晰

的规划，制定一套包含研究实施步骤与方法并会加以遵循的明确方案，即研究设计（study design）。研究设计一般包括以下内容和流程：①确定研究问题；②选择研究类型；③明确研究对象和分析单位；④确定资料收集方案；⑤设计分析方案。

2.3.1 确定研究问题

确定研究问题是开展系统性科学研究的前提，但研究问题的确认需要一个从泛到聚、逐渐明晰的过程。一般而言，需要在对研究问题的方向有了一定的倾向性后，针对这一方向开展文献搜索与归纳，即文献综述，了解国内外研究现状与不足后，进一步确定研究问题的研究空间和细化方向。

2.3.2 选择研究类型

在明确研究问题后，依据研究问题的特点和性质、要实现的研究目标以及开展研究的外部条件来选择一种合适的研究类型，这对于进一步缩小工作范围、具体开展研究非常重要。研究类型的划分根据分类依据的不同而有所不同。大体上，常用的研究类型划分可以从研究领域、研究范式、研究方法等方面进行。

从研究领域来看，研究者常常把人口健康研究分为基础研究和应用研究。基础研究是指从基础理论、方法或机制上发展和检验研究者感兴趣、将来可能应用于社会的理论及假设，在有些学科中也特指理论研究。应用研究往往是指就解决当前人们所关注的问题开展的研究，研究的成果常常可以快速在实践中得以应用（李忠尚，1989）。

从研究范式来看，人口健康研究被常常分为定性研究和定量研究。定性研究是指确定事物本质属性的科学研究，从被研究者的角度出发描述和分析人类及其群体的文化和行为，强调对研究的社会背景做出全面、整体的理解，采用灵活且可重复的研究策略。定量研究则是指确定事物某方面量的规定性的科学研究，是将问题与现象用数量来表示，进而去分析、考验、解释从而获得意义的研究方法和过程（杨治良等，2016）。

从研究方法来看，进行人口健康研究时，选用合适的研究方法对于实现研究目标至关重要。不同的研究方法决定着资料收集方式的不同，能够得到的推论力度也不同。人口健康研究中常见的方法有研究综述、比较研究、统计调查、实验方法等。

在选取研究类型时，研究者需要考虑并明确上述分类方面，有时进行的研究是在某一分类维度上的研究，如一项采用实验法的应用性、定量研究；有时进行的研究也可以是混合了多种类别的，如一项同时采用定性和定量方法的比较研究。

2.3.3 明确研究对象和分析单位

研究对象与研究问题是一脉相承的。确定研究问题与研究类型后，就要对具体针对开展的对象做出考虑。同样的研究问题，可以选择不同的研究对象来进行，也可选用多种研究对象增加对问题讨论的丰富性。对于研究对象，除了从性质上选择，同一性质的对象也需要考虑在具体分析时的单位。例如，同样是对老年人某一健康问题的研究，在选定以60岁及以上的人群为研究对象后，还需要考虑是以老年个体为单位，还是以某一地区的老年人群体为单位。在人口健康研究中，常用的分析单位有个体、某一地理范围（如社区、县市、省份）的群体、机构（如医院、养老院、社区中心）、制度（如政策）等。但需要注意的是，对于不同维度的研究对象而言，一般不能混用在一个分析中，或者需要采用允许分层的相关分析方法进行，否则就会导致“生态学谬误”（ecological fallacy），即由于在推论时因未区别不同水平的分析单位而导致的结论错误。

2.3.4 确定资料收集方案

无论何种研究，都需要通过一定的资料来开展。资料，在人口健康研究中也被称为数据，是通过观察、度量或其他各种方法获取的与研究相关的信息的总称。要想获得这些资料，就需要对获取的方法、测量的工具、开展工作的时间、地点和外部支持与资源等进行事先规划，即确定资料收集的方案。

就资料获取的方法而言，任何信息的获取不外乎 3 种途径："问别人""自己看""找现成"。人口健康研究的资料获取方法，也可分成以下几类（阿巴斯·塔沙克里等，2010）：

（1）"问"．依据询问对象分为直接询问关注的个体以获取其本人相关信息，即"自述报告"（self-report），以及询问其他人关于研究所关注的个体的信息，或者关注个体的信息是由其他人回答的，即"代答"（proxy）。依据询问的方法又可分为访谈法和问卷调查法，二者既有区别又不可完全分割，主要区别和联系在于"访问并交谈"的程度，以及问题结构化的程度。事实上，虽然一些方法论会根据问题的性质将访谈分为定性访谈和定量访谈，或根据回答的可选择性分为开放式访谈和封闭式访谈，或根据问题形式分为结构访谈、半结构访谈和非结构访谈，然而这些分类并非绝对的互斥关系。从非结构化的、开放的访谈，到高度结构化的、封闭的访谈，实际上就是一个从定性走向定量的过程，一个高度结构化的、封闭式的访谈提纲也就近似于问卷。在这样一个连续的过渡谱中（见图 2-4），传统意义上的定性与定量可能在连续谱的两端，而随着科学研究的不断发展，很多居中的、混合的方法也逐渐得到更多的应用。无论访谈还是问卷调查都既可以通过面对面的形式进行，也可以通过通信、电话或网络交谈的形式进行。

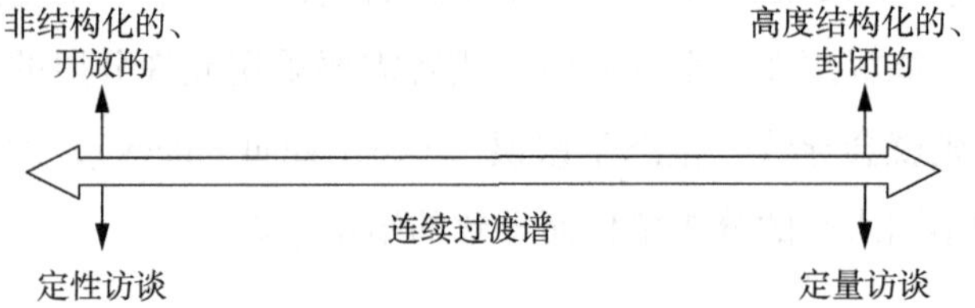

图 2-4 定性访谈与定量访谈的转化关系

（2）"看"：是通过观察来记录对象的行为和其他相关信息。依据观察者是否参与到被观察对象的人际环境和行为互动中，观察可以分为参与性观察和非参与性观察。其中，非参与性观察可以很好地弥补自述报告与参与性观察中由于调查人员调查或观察的行为所导致的参与者反应性偏差，即被观察者对于其正在被研究的意识对研究结果产生的影响。但观察法尤其是非参与性观察对深入收集被观察对象的属性、感受、动机等的能力较弱，因此常常与其他方法相互配合共同使用。图 2-5 对自述报告与观察法对参与者信息收集的特点进行了展示。

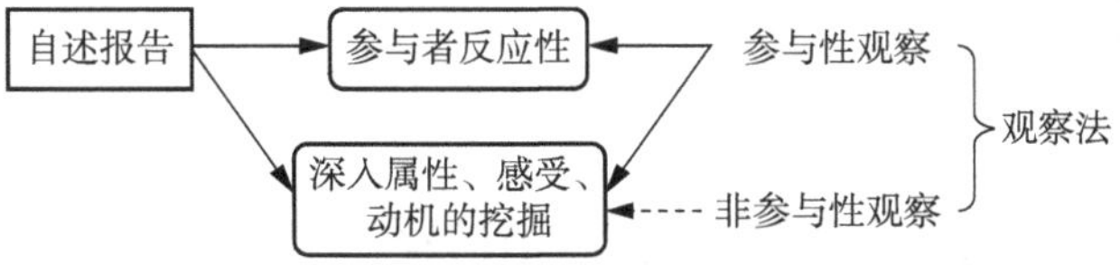

图 2-5　自述报告与观察法对参与者信息收集的特点

（3）“找”：即搜索并使用他人收集或记录的资料。例如，使用某些机构事先收集的档案资料，如医院的病例、结婚离婚记录、图书馆口述史收藏或个人自传等。又如，通过收集关于某一问题已经发表的文献，即使用他人已经发现的信息来进行二次分析，进行文献综述或荟萃分析（meta-analysis）等。

选择资料获取的来源时，首先要基于研究目的，但也需考虑时间、地点等条件和人力、物力、财力等外部资源的限制，选择既能最大限度地实现研究目标又符合成本效率的方式方法。

2.3.5　设计分析方案

分析方案是指对收集到的资料所采用的具体分析方法，在人口健康研究中，多指运用的统计分析方法。分析方法的选取要综合考虑研究的目的、资料的类型和分析的成本与效率。一般而言，从研究目的来看，可以大体上将人口健康研究的分析方法分为描述性研究和推断性研究。

描述性研究通常运用归纳法对现象进行系统、详细的描述，目的在于探索发生了什么现象、具体情形如何。推断性研究也称解析性研究，是在一定的命题或假设的前提下，运用演绎法与统计技术，推断并验证多种现象之间的关系，目的在于详细阐述现象为何或如何发生，从而进一步解释现象（李忠尚，1989）。后文将对具体的统计分析方法进行分章介绍。

3 人口健康现状描述研究

人口健康相关的量化研究主要通过统计分析开展，而分析方法可分为描述统计和推断统计。上文提到，描述统计关键在于对统计数据的归纳和总结，是从个别到一般的过程；而推断统计关键在于运用统计技术对依据理论提出的假设关系进行演绎和推断，是从一般到个别的过程。在人口健康量化研究中，前者常常被应用于对人口健康现状的描述，后者通常被应用于对健康问题的相关关系和因果关系判断上。本章主要对人口健康现状描述研究中涉及的基本内容与方法进行介绍。

3.1 了解人口健康现状的数据基础

3.1.1 常用数据来源

数据，特别是原始数据，是任何科学研究（包括人口健康研究）的基础。人口普查、抽样调查、登记资料是最常见的人口健康研究数据来源类型。

3.1.1.1 人口普查

人口普查是指在一个规定的时点上对某一范围的全部人口进行全面清点并收集有关资料的一种普遍调查。目前，我国已于 1953 年、1964 年、1982 年、1990 年、2000 年、2010 年、2020 年开展了 7 次人口普查。由于人口普查所需的人力、物力、财力均较大，在一次人口普查中往往也会结合抽样调查，如在我国的人口普查中，会设置短表针对人口基本状况对全体人口开展普查，设置长表针对经济活动、婚姻生育和住房等情况对在全体人口中抽取的10%样本进行调查。人口普查开展的目的虽然并非针对人口健康状况，但其调查的内容常涉及人口健康情况，尤其是在各界对健康问题越发关注的当下。我国在第七次全国人口普查中，专门设置了针对60周岁及以上人口在普查标准时点前一个月的身体健康状况自评的问题。我国第五次和第六次人口普查宏观数据在国家统计局网站上可以查阅和下载①。同时，国家统计局微观数据用户注册申请系统②也为符合资格的机构研究者提供了微观数据使用申请的途径。

3.1.1.2 抽样调查

抽样调查是指采用某种抽样方法从总体中抽取一定数量的样本开展研究，以了解总体相关情况的一种方法。抽样调查可以根据研究目的自行设计和组织开展，这种形式更有利于问题的集中和研究的深入。一个对总体具有较好代表性的抽样调查往往包含较大的样本量，需要精心的设计和组织，因此，一些大型公开抽样调查数据便成为非常有价值的人口健康研究资源。目前，中国健康与养老追踪调查（China Health and Retirement Longitudinal Study，CHARLS）、中国家庭追踪调查（China Family Panel Studies，CFPS）、中国老年健康影响因素跟踪调查（Chinese Longitudinal Healthy Longevity Survey，CLHLS）、中国综合社会调查（Chinese General Social Survey，CGSS）、中国健康与营养调查（China Health and Nutrition Survey，CHNS）等数据库由于申请流程简单、调查内容广泛、时间跨度大，已成为人口健康研究领域非常流行的数据资源，支持了一大批量化研究的开展（见表3-1）。

① 资料来源：http：//www. stats. gov. cn/tjsj/pcsj/。

② 资料来源：https：//microdata. stats. gov. cn/。

表 3-1　常用人口健康研究公开调查数据情况

名称	组织机构	调查时间（年份）	对象	代表性	类型	涵盖内容	网址
中国健康与养老追踪调查（CHARLS）	北京大学国家发展研究院主持，北京大学中国社会科学调查中心与北京大学团委共同执行	试调查（2008 年、2012 年）正式调查（2011 年、2013 年、2014 年、2015 年、2018 年）	45 岁及以上中老年人	全国	追踪	个人基本信息、家庭结构和经济支持、健康状况、体格测量、医疗服务利用和医疗保险、工作、退休和养老金、收入、消费、资产，以及社区基本情况等	http://charls. pku. edu. cn/index/zh-cn. html
中国家庭追踪调查（CFPS）	北京大学中国社会科学调查中心（ISSS）	预调查（2008 年、2009 年）正式调查（2010 年、2012 年、2014 年、2016 年、2018 年）	全人群	全国	追踪	社会、经济、人口、教育和健康的变迁，包括经济活动、教育获得、家庭关系与家庭动态、人口迁移、身心健康等	http://www. isss. pku. edu. cn/cfps/
中国老年健康影响因素跟踪调查（CLHLS）	北京大学健康老龄与发展研究中心/国家发展研究院	1998 年、2000 年、2002 年、2005 年、2008—2009 年、2011—2012 年、2014 年和 2017—2018 年	65 岁及以上老年人和死亡老人家属	全国	追踪	存活老人及家庭基本状况、社会经济状况、健康和生活质量自评、认知功能、性格心理特征、日常活动能力、生活方式、生活照料、疾病治疗和医疗费承担；老人死亡时间、死因等内容	http://opendata. pku. edu. cn/
中国综合社会调查（CGSS）	中国人民大学中国调查与数据中心	2003 年、2004 年、2005 年、2006 年、2008 年、2010 年、2011 年、2012 年、2013 年、2015 年、2017 年	18 岁以上人群	全国	连续性横截面	文化、健康、家庭、劳动力、就业、消费、教育、心理、个性等	http://cnsda. ruc. edu. cn/
中国健康与营养调查（CHNS）	北卡罗来纳大学人口研究中心、美国国家营养与食物安全研究所、中国疾病预防与控制中心	1989 年、1991 年、1993 年、1997 年、2000 年、2006 年、2009 年、2011 年、2015 年	全人群	全国	连续性横截面	儿童与成人的营养与健康状况、社区状况等	https://www. cpc. unc. edu/projects/china

资料来源：各数据官网。

3.1.1.3 登记资料

登记资料是指由某些专门的部门、机构（常常是政府部门）通过在其业务范围内开展的数据收集和登记而形成的资料，如卫生统计、生命事件（如出生、死亡、结婚、离婚等）登记、医疗资料（如就诊病历）等。随着上述资料的电子化，这些档案资料也逐渐在原有的业务范围之外为科学研究提供了一些资源。但此类数据的共享性往往有限，一般微观数据需要通过合作开发才能使用，不过许多部门会公布其宏观层面的数据，若善加利用也具有相当可观的挖掘空间。例如，国家统计局每年会发布全国统计年鉴，并在其网站上发布电子化的资源，这也是人口健康研究很好的数据来源。

3.1.2 常见数据集类型

使用人口健康研究的数据集尤其是抽样调查数据，首先需要了解数据集的结构，以根据结构特性选择合适的分析方法。最常见的数据集结构类型主要有横截面数据、时间序列数据、混合横截面数据以及面板数据，主要区分的要素在于调查的时间与观测对象的特点（见图 3-1）。

（1）横截面数据（cross-sectional data）：也叫横断面数据，是指在某一给定的时间点（或规定的时间段内）对多个被观测个体的信息进行收集所汇成的数据集，其特点是同一时期、不同个体，如 2006 年全国残疾人抽样调查数据、某一个月内的门诊就诊患者数据。

（2）时间序列数据（time series data）：是指对某一被观测对象在多个时期的信息进行收集所汇成的数据集，其特点是同一个体、不同时期，如某一地区不同年份的人口死亡率、某个国家不同年份的慢性病患病率等。

（3）混合横截面数据（pooled cross-sectional data）：是指将对同一个总体在不同时期进行的相同内容的横截面抽样数据进行合并所汇成的数据库，其特点是不同时期、不同个体，如将分别于 1987 年和 2006 年进行的两次全国残疾人抽样调查合并所形成的数据库。

（4）面板数据（panel data）：是指对相同的一批被观测对象在不同时

期的特征信息进行重复收集所汇成的数据集，其特点是不同时期、同批个体，如2007—2014年每年重复进行的全国残疾人状况监测调查。

综合来看，横截面数据和时间序列数据是基础性数据结构，而混合横截面数据和面板数据则是将横截面数据与时间序列数据相结合的数据形式。混合横截面数据和面板数据的主要区别在于，混合横截面数据所观测的对象不固定，每一时期的观测都是对总体进行抽样所得，由于是对同一总体的多次抽样，会存在不同横截面中存有相同个体的情况，但在分析中可视为不同个体处理；而面板数据是对固定的横截面对象在时间上的重复观测，每次观测的个体是相同的。几类数据在数据库中的一般表现形式如图3-1所示。

3.1.3 变量

数据库中，是以变量来展现被观测对象的各个特征单元。在分析中，变量也称因素或指标，主要有3个要素，即变量名、变量标签和变量值。变量名是在数据库中指代变量的唯一符号，一般用字母及其与数字的组合表示；变量标签是对变量含义的注解；变量值是变量的取值。例如，在一数据库中某变量的变量名为"wgt"，变量标签为"the weight (kg) of children during the survey window"，即在调查时儿童的体重（单位：千克）。

变量根据其含义与取值特点的不同可以有不同的尺度（scale）。不同学科对变量尺度的划分又有所不同。数理统计上常将变量分为连续变量（continuous variable）和离散变量（discretevariable）；医学统计中则将变量分为数值变量（numerical variable）、无序分类变量（unordered categories variable）和有序分类变量（ordinal categories variable）；社会统计中则分为更为细致的比例变量（ratio scales）、间距变量（interval scales）、名义变量（nominal scales）及顺序变量（ordinal scales）。各变量尺度的含义与关系特点如表3-2所示。

	变量1	变量2	……	变量k
个体1				
个体2				
……				
个体n				

a.横截面数据：1个调查时点，n个调查对象个体，k个变量。

	变量1	变量2	……	变量k
时点1				
时点2				
……				
时点n				

b.时间序列数据：1个调查对象个体，n个调查时点，k个变量。

	变量1	变量2	……	变量k
个体1：t=1				
个体2：t=1				
……				
个体n：t=1				
个体n+1：t=2				
……				
个体n+n1：t=2				
……				
个体n+nm−1：t=m				

c.混合横截面数据：m个调查时点，n+n1+…+nm−1个调查对象个体，k个变量。

	变量1	变量2	……	变量k
个体1：t=1				
个体1：t=2				
……				
个体1：t=m				
……				
个体n：t=1				
个体n：t=2				
……				
个体n：t=m				

d.面板数据：m个调查时点，n个调查对象个体，k个变量。

图 3−1　人口健康研究常见数据结构类型

表 3-2 不同学科对变量尺度的分类、含义与关系特点

<table>
<tr><th>数理统计</th><th colspan="2">医学统计</th><th>社会统计</th></tr>
<tr><td>连续变量</td><td colspan="2">数值变量</td><td>比例变量</td></tr>
<tr><td>指取值充满某一个区间的变量。
＊连续变量一定是数值变量，如人的身高、体重、血压等</td><td colspan="2" rowspan="3">也称定量因素或定量指标，是对个体特征的定量表述，其值表现为数值大小且具有单位的一类变量。
＊如人的身高（m）、体重（kg）、血压（kPa）等</td><td>指其值既可以比较间距也可比较倍数的变量。
＊如身高、体重等，具有客观零点，如某人身高从 0.6 米到 1.2 米，这种变量可以表述为身高增加 0.6 米，也可以说身高为原来的 2 倍</td></tr>
<tr><td>离散变量</td><td>间距变量</td></tr>
<tr><td rowspan="5">也称不连续变量，指取值只能为有限个或可数个数值的变量。
＊数值变量也可是离散变量，如人的脉搏数、家庭人口数等
＊名义变量转化为取值是 0 和 1 的变量以及等级变量转化为取值是 0、1、2……的变量是离散变量</td><td>指其值只能比较间距的变量。
＊如温度、日期等，其零点是主观设定的，如日期从 1 月 1 日到 1 月 31 日，可以说增加了 30 天，但无法描述两个日期的比例关系</td></tr>
<tr><td rowspan="4">分类变量</td><td>无序分类变量</td><td>名义变量</td></tr>
<tr><td colspan="2">有时直接被简称为分类变量，也称定性因素或定性指标，指对观察单位或个体的定性特征的描述，其变量值是定性的，表现为互不相容的类别。
＊特点为类别是客观存在的，各类无秩序，可以任意排列；类和类之间界限清楚，不会错判。如人的血型有 O 型、A 型、B 型和 AB 型四类</td></tr>
<tr><td>有序分类变量</td><td>顺序变量</td></tr>
<tr><td colspan="2">简称为等级变量，也称等级因素或等级指标，指对观察单位或个体的等级特征的描述，其变量值是等级的，表现为互不相容的有序级别。
＊特点是级别可能是主观划分的，各级有序，或从低到高，或由弱到强，给人以“半定量”的概念；级和级之间界限模糊，可能错判。如测定某人的主观健康情况，可分为好和不好，也可分为很好、好、一般、较差、差等</td></tr>
</table>

资料来源：王翔朴，王营通，李珏声，主编．卫生学大辞典［M］．青岛：青岛出版社，2000：30，776；赵克健，主编．现代药学名词手册［M］．北京：中国医药科技出版社，2004：104。

3.2 人口健康现状描述的方法

在人口健康研究中，描述性分析是必不可少的部分，无论是否需要进行推断。通常描述性分析包括对研究人群的入选排除过程进行描述、对研究人群基础特征的描述以及对主要研究结果变量的描述。在一项研究中，这些描述过程性的部分（如筛选标准、变量测量等）常在方法部分出现，而结果性的内容则会被呈现在研究结果部分中。

3.2.1 研究人群的入选排除过程

一项人口健康研究最终纳入分析的样本可能与初始目标数据库中涉及的样本数有很大的不同，这既取决于研究对象的特性，也受数据质量的制约。研究者需要根据研究目的来确定哪种条件的研究对象可以入选，以及应在初始样本中排除哪类对象。在考虑是以“入选”还是“排除”为选择策略的问题时，当以最快速、最简洁的步骤达到最终研究对象为基本原则。经过入选排除标准筛选后纳入研究的样本，还可能存在某些变量上的缺失值、极端值等情况，则需要进一步的清理，形成最终纳入统计分析的样本集。在具体研究中，除以文字形式列出具体的筛选排除标准并对每个步骤后的样本余量进行描述外，一个清晰的流程图将更加有助于展示这这一过程。图 3-2 给出了一个常见的样本筛选流程图的样式，可供研究者参考。

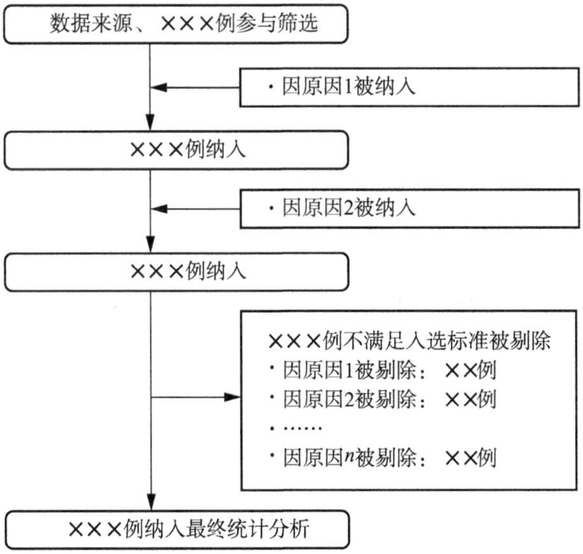

图 3-2 人口健康研究样本筛选过程常用流程图样式

此部分涉及的统计分析主要是统计每步筛选排除的样本频数和百分比，并对此进行描述。因此，值得注意的是，每条入选或排除标准应按层次逐渐缩窄，以避免因标准彼此之间有交集而导致统计的样本数与实际分析的样本数不一致（谷鸿秋，2018a）。

此外，在样本入选过程中，难以避免会遇到某些观测对象在某些信息维度（变量）存在缺失值的问题。一般的处理方式可以分为“舍”“取”“补”三种思路。其中，“舍”是指在研究者的研究范围内涉及缺失值的样本数占比较小（一般小于5%）的情况下，对存在缺失值的样本予以删除，保留研究涉及范围内信息完全的样本。“取”是指保留每个变量含有缺失值的样本，并将其单独归为一类，其中分类变量可直接对缺失值以区别于原始分类的任意值简单赋值以作标识，连续变量则需先对缺失值赋以某一数值（一般为0）将连续变量补齐，再增加一个二分类变量标识出哪些样本在之前的连续变量上存在缺失。“补”则是指通过以原始变量存在的值或利用其信息对缺失值进行插补，如对正态连续变量利用其取值的均值、对偏态连续变量利用中位数、对分类变量利用众数等方式对缺失值进行赋值以达到单值插补，或依据数据集中多个变量之间的某种关系通过回归、匹配、函数等方式进行多重插补。无论哪一种策略，都是对数据处理的事后补救，存在改变真实信息的风险。尤其是对含有缺失值的样本予以删除后，通常需要比较含缺失信息人群与无缺失信息人群的其他主要特征，以确定样本删除后不会改变原有调查的代表性等。解决缺失值问题的根本还在于提高调查的质量、降低漏答误答率，或通过事后补访的方式补充真实信息（谷鸿秋，2018b）。

3.2.2 研究对象的基础特征

确定纳入分析的样本后，接下来就是对其基本特征进行描述。通常进行描述的样本基本特征主要包括人口学特征和社会经济学特征。对研究对象的基本特征进行描述的统计分析，要依据特征变量的属性展开。

3.2.2.1 人口学特征

年龄和性别是最基本的人口自然结构分类依据，也是人口健康研究中最常见的细分特征。

（1）年龄（age）：在人口健康研究中，年龄一般是指某一时点（多为调查时）研究对象的实际年龄。在研究中，年龄可以被视为连续变量，也可以形成分类变量，其中主要的分类方法有三种：一是逐龄分类，即以1岁为年龄组距，形成单岁组年龄；二是以5岁或10岁为年龄组距来划分人口年龄组，形成均匀等距的年龄组；三是根据实际需要，从总人口中以某一或某几个特殊年龄为分组界限，形成分类变量，如以60岁为界，形成老年与非老年的二分类变量。

（2）性别（sex）：被指派性别（sex assigned at birth）、生理性别（biological sex）、社会性别（gender）、性别认同（gender identity）等都是对性别的不同维度的描述，此处一般是指某一时点研究对象的生理性别，一般可分为男性、女性和间性，但事实上生理性别的决定因素颇为复杂，也可被视为一个有着诸多可能性的光谱①，但遗憾的是，目前各种调查和量化分析中仍将生理性别简化为只有男性和女性的二分类变量。生理性别也不是一成不变的，随着医疗技术的进步，一些跨性别者（transgender）会选择进行性别重置手术（sex reassignment surgery）来使自己的生理性别与性别认同趋于一致。跨性别者也成为人口健康研究领域较为关注的人群。

（3）民族（nation）：民族广义是指历史上形成的处于不同历史发展阶段的各种人群共同体，包括氏族、部落、部族，如“古代民族”“阿拉伯民族”“非洲民族”“中华民族”等。狭义是指在历史上形成的一个有共同语言、共同地域、共同经济生活以及共同文化、共同心理素质的稳定的人群共同体，如中国有56个民族，具体研究时可根据需要生成二分类变量（分类为“汉族”和“少数民族”开展分析）（冯契，2007）。

（4）婚姻状况（marital status）：中婚姻状况是指人口在婚居方面所处的状态，一般在年满15周岁及以上的人口中调查。婚姻状况通常按分类变

---

① 可参见《科学美国人》（Scientific American）“超越XX和XY：性别决定的非凡复杂性”（Beyond XX and XY：The Extraordinary Complexity of Sex Determination）一文的介绍，网址：https：//www. scientificamerican. com/article/beyond-xx-and-xy-the-extraordinary-complexity-of-sex-determination/。

量的形式分为四类，包括：①未婚，是指从未结过婚的状态；②已婚，亦称有配偶或婚居，包括初婚和再婚（非初次结婚）两种状态；③离婚，是指已正式与配偶解除婚姻关系，且本人并未再婚的状态；④丧偶，是指配偶已死亡，且本人并未再婚的状态（郑家亨，1995）。此外，也可以根据是否处于婚居状态处理成二分类变量开展研究。一些抽样调查也逐渐将“同居”作为婚姻状况的选项之一。

3.2.2.2 社会经济特征

一般而言，社会经济特征或社会经济地位（Socioeconomic Status，SES）是指个人或群体以社会要素和经济要素所展现出的在社会关系中的位置与状态。鉴于在研究中性别与民族常被划归为人口学特征，社会经济地位，或社会经济学特征通常是由受教育程度、职业、收入三方面的指标来衡量的。

（1）受教育程度（education）：受教育程度在个体层面一般是指按照国家教育体制，被调查者接受教育的情况。其中，通过自学或成人学历教育经国家统一考试合格的，分别归入相应的受教育程度。在第六次人口普查中，受教育程度为 6 周岁及以上者填报的项目；在第七次人口普查中，受教育程度已改为 3 周岁及以上者填报，具体的分类包括未上过学、学前教育、小学、初中、高中、大学专科、大学本科、硕士研究生、博士研究生 9 类。在实际研究中，通常会根据调查信息形成多分类变量开展研究，但也常根据研究对象的特点将多个分类通过合并的形式加以简化，以避免某个分类人数过少的情况。

（2）职业（occupation）：职业一般是指劳动者从事并赖以生活的工作（郑家亨，1995）。从衡量社会经济地位的角度来看，职业也会赋予劳动者相应的社会角色，在一定程度上促成其在社会关系中的位置。职业具有一定的稳定性，但也存在短时间内频繁更换的可能。在第七次人口普查中，针对 15 周岁及以上的人群采集职业信息，并定义职业为普查标准时点前一周主要工作具体是干什么，如果前一周从事两项不同工作，按工作时间长短确定主要工作，如果工作时间相同，再按报酬高低确定主要工作。根据第七次全国人口普查方案，在第七次人口普查中，职业分类是以工作性质的“同一性”为基本原则，不论其所在工作单位是什么经济类型、用工形式是固定工还是临时工或者隶属哪个行业，凡是从事同一性质工作的人都划分为同一类。职业通常按分类变量进行处理，如第七次人口普查将职业分为：①党的机关、国家机关、群众团体和社会组织、企事业单位负责人；②专业技术人员；③办事人员和有关人员；④社会生产服务和生活服务人员；⑤农、林、牧、渔业生产及辅助人员；⑥生产制造及有关人员；⑦不便分类的其他从业人员。

（3）收入（income）：衡量个体收入时，一般考虑个体所生活的家庭单位，采用家庭人均收入这一方式进行衡量。人均收入即家庭成员获得的各种收入加总后除以家庭人口数所得的平均值，对于每一个家庭成员而言这一值相同。由于城乡收入来源和结构不同，多以城镇居民家庭人均可支配收入和农村居民家庭人均纯收入分别进行衡量。

城镇居民家庭人均可支配收入（per capita disposable income of urban resident）是指城镇居民家庭人均可用于最终消费支出和其他非义务性支出以及储蓄的总和，即城镇居民家庭人均可以用来自由支配的收入，一般由工薪收入、经营净收入、财产性收入、转移性收入四部分组成。农村居民家庭人均纯收入（per capita net income of rural resident）是指农村常住居民家庭总收入中，扣除从事生产和非生产经营费用支出、缴纳税款和承包集体任务金额以后剩余的，可直接用于进行生产性、非生产性建设投资、生活消费和积蓄的人均收入，包括从事生产性和非生产性的经营收入，取自在外人口寄回、带回和国家财政救济、各种补贴等非经营性收入（陆雄文，2013）。

在经济学研究中，收入常以连续变量的形式测量，取原始值或自然对数值。在人口健康研究中，常将收入处理成分类变量，如按某一具有特殊意义的数值（如贫困线）为分界线；或者将某一研究对象的该指标与全体研究对象（或全国）的平均水平进行比较，将其分为高于平均水平和低于或等于平均水平两类；或按全体研究对象的该指标四等分值进行高低划分。

3.2.3 主要研究结果特征

人口健康研究的主要结果变量，即为第 2 章中提到的人口健康研究的主要研究问题。概括来讲，主要包括健康结局、健康相关行为、健康照料服务等，上文已有详细介绍，此处不再赘述。

从变量类型来看，健康结局一般为分类变量，如二分类变量是否患有某种疾病（是或否）、多分类变量患有何种类型的残疾（如无残疾、视力残疾、听力残疾、言语残疾、肢体残疾、智力残疾、精神残疾）等。

健康相关行为的研究除关注有无某种行为外，还关注行为的频率、程度等，如每周进行多长时间的体育锻炼、每日吸烟的数量等。

健康照料服务的需求或利用则可通过形成“是否”样式的二分类变量或“利用频率”这样的连续变量来开展研究。

3.2.4 不同类型变量的统计描述方法

对于健康现状描述的统计方法，需要依据所描述指标的特征类型进行选取。在人口健康研究中，常见的变量类型主要是分类型和连续型。

对于分类变量，对其进行统计描述的方式是频数及百分比的形式，即对样本人群以该分类变量衡量的各类别特征人群的频数和占总人群的比例进行描述。

对于连续变量，要依变量的分布特点采用不同的描述方法。如该连续变量为正态分布，则以均数及标准差的形式进行描述，即汇报样本人群在该连续变量所反映信息上的均值与标准差；如该连续变量为偏态分布，则以中位数及四分位距的形式进行描述，即将样本人群在该变量上的取值由小到大排列成四等份，汇报其处于中间分割点位置的数值（中位数）及第三四分位数与第一四分位数的差距（四分位距）。不言而喻，在对连续变量进行描述前，需先对连续变量的分布类型进行检验，以得出其分布特点，方能选择正确的描述方式。

3.3 研究案例与 Stata 操作

基于在大型公开数据中较易入手的中国综合社会调查 2017 年数据，笔者提取了部分示例研究关注的变量形成小型数据库，应用 Stata16.0 软件对常用的描述性统计方法加以演示。

3.3.1 了解数据库情况

首先在数据存储路径下打开数据库 ch3.dta 并查看数据库中的变量名称、标签等信息。

程序命令

```
• use ch3.dta,clear
• describe
```

屏幕上显示的结果说明数据库共有 12582 个观测值、14 个变量。下方的表格中，分别显示了变量名称、数据储存类型、数据显示格式、变量结果标签值和变量标签。在 Stata 中，数字的储存类型分为 byte（字节型）、int（一般整数型）、long（长整数型）、float（浮点型）、double（双精度型）5 类，文字的储存类型为 str#，其中#以不同的数字表示最大字节长度。

对于 ch3 数据库，各变量的名称和标签如表 3-3 所示。

表 3-3 ch3 数据库中变量名称和标签

变量名	变量标签
id	个体编号
sex	性别
age	年龄（岁）
nat	民族
rlg	宗教信仰
rsd	城乡居住地

续表

变量名	变量标签
edc	目前最高教育程度
inc	个人 2016 年全年总收入
hgt	目前的身高（厘米）
wgt	目前的体重（斤）
hlt	自我感觉目前的身体健康状况
exc	在过去的 12 个月里在通常情况下进行时间达到 30 分钟且会让身体出汗的体育锻炼活动（次/周）
hsp	过去 12 个月里由于生病或受伤住院次数
hef	过去四周由于健康问题影响工作或日常活动频繁程度
mnt	在过去的四周中感到心情抑郁或沮丧的频繁程度

3.3.2 研究人群的入选排除过程描述

接下来，笔者以一项旨在描述农村老年人健康状况为目的的研究为例，开展描述性研究。

首先，基于研究目的，确定研究样本的纳入标准：①60 岁及以上；②居住地为农村。此外，排除有缺失值的样本。为了实现目标，在 Stata 中进行如下操作：

程序命令

```
• keep if age>=60
• keep if rsd==2
• nmissing id sex age nat rlg rsd edc inc hgt wgt hlt exc hsp hef mnt
• drop if inc==.
• save ch3_2.dta
```

第一步，保留了年龄在 60 岁及以上的样本，命令“keep if age>=60”反馈结果有 8210 个样本被剔除。由于数据库初始有 12582 个样本，被保留的样本数为 4372 个。

第二步，在上述 4372 个样本中，进一步保留居住地为农村的样本，反馈结果有 2594 个样本被剔除，则被保留样本数为 1778 个。

其次，以“nmissing”命令获取数据库中各变量的缺失值情况，反馈结果变量“inc”存在 1 个缺失值；于是，以“drop if inc = =.”命令剔除该缺失值样本，最终纳入分析的样本数为 1777 个。

最后，将更新的数据库保存为 ch3_ 2. dta，作为用以分析的数据库。

此外，在实际研究中，通常将以上结果通过流程图来展示（见图 3-3）。

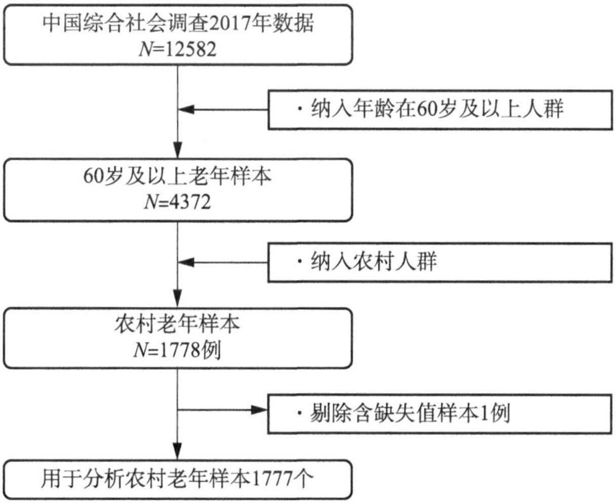

图 3-3　样本筛选流程图

3. 3. 3　研究对象基础特征描述

接下来，以 ch3_2 数据对纳入分析的 1777 个样本开展描述性分析。首先，描述样本性别、年龄、民族、宗教信仰、受教育程度、收入等的基本特征情况。其中，性别、民族、宗教信仰、受教育程度为分类变量，年龄、收入为连续变量。对于分类变量，运行如下程序：

程序命令

```
• use ch3_2.dta,clear
• tab1 sex nat rlg edc
```

所得结果如图 3-4 所示。

. tabl sex nat rlg edc

-> tabulation of sex

性别	Freq.	Percent	Cum.
男	919	51.72	51.72
女	858	48.28	100.00
Total	1,777	100.00	

-> tabulation of nat

民族	Freq.	Percent	Cum.
汉	1,596	89.81	89.81
蒙	1	0.06	89.87
满	7	0.39	90.26
回	39	2.19	92.46
壮	41	2.31	94.77
其他	93	5.23	100.00
Total	1,777	100.00	

-> tabulation of rlg

宗教信仰	Freq.	Percent	Cum.
未选择	201	11.31	11.31
是	1,576	88.69	100.00
Total	1,777	100.00	

-> tabulation of edc

目前最高教育程度	Freq.	Percent	Cum.
没有受过任何教育	640	36.02	36.02
私塾、扫盲班	28	1.58	37.59
小学	719	40.46	78.05
初中	308	17.33	95.39
职业高中	3	0.17	95.55
普通高中	55	3.10	98.65
中专	13	0.73	99.38
技校	1	0.06	99.44
大学专科（成人高等教育）	3	0.17	99.61
大学专科（正规高等教育）	4	0.23	99.83
大学本科（成人高等教育）	3	0.17	100.00
Total	1,777	100.00	

图 3-4　性别、民族、宗教信仰、受教育程度描述结果

由结果可以发现，对于民族和受教育程度，原有数据库中的分类过于繁细，在实际研究中可以根据研究目的对其进行再归类。例如，将民族重新分类成汉族与少数民族两类，将受教育程度重新分类成小学以下、小学、初中、高中及以上 4 类，并再重新进行描述。运行如下程序：

程序命令

```
• gen han=2
• replace han=1 if nat==1
• label variable han "民族"
• label define han 1 "汉族" 2 "少数民族"
• label values han han
• gen edc1=4
• replace edc1=1 if edc==1 | edc==2
• replace edc1=2 if edc==3
• replace edc1=3 if edc==4
• label variable edc1 "受教育程度"
• label define edc1 1 "小学以下" 2 "小学" 3 "初中" 4 "高中及以上"
• label values edc1 edc1
• tab1 han edc1
```

所得结果如图 3-5 所示。

. tabl han edc1

-> tabulation of han

民族	Freq.	Percent	Cum.
汉族	1,596	89.81	89.81
少数民族	181	10.19	100.00
Total	1,777	100.00	

-> tabulation of edc1

受教育程度	Freq.	Percent	Cum.
小学以下	668	37.59	37.59
小学	719	40.46	78.05
初中	308	17.33	95.39
高中及以上	82	4.61	100.00
Total	1,777	100.00	

图 3-5　民族、受教育程度描述结果

对于连续变量，首先检验其分布情况，常用于检验连续变量是否正态分布的 Stata 命令及其含义与使用条件如表 3-4 所示。

表 3-4　正态分布检验常用方法

Stata 命令	检验	使用条件
swilk	Shapiro-Wilk W test	$4 \leqslant n \leqslant 2000$
sfrancia	Shapiro-Francia W'test	$5 \leqslant n \leqslant 5000$
sktest	Skewness and kurtosis test	$n \geqslant 8$

在本研究中，采用 Shapiro-Wilk W 检验对年龄和收入两个变量的分布情况进行检验，得出二者皆为偏态分布，因此描述其中位数和四分位距情况，相关程序命令如下：

程序命令

```
• swilk age inc
• tabstat age inc,s(median iqr)
```

相关结果如图 3-6 所示，其中 p50 表示中位数，iqr 为四分位距（interquartile range）。

. tabstat age inc, s(median iqr)

stats	age	inc
p50	67	3000
iqr	10	9100

图 3-6　年龄、收入描述性结果

以上结果在研究中可以通过表 3-5 集中展示，在健康类研究中常用三线表的形式。

表 3-5　研究对象的基本特征

特征	频数/中位数	百分比（%）/四分位距
性别		
男	919	51.72
女	858	48.28
年龄（岁）	67	10
民族		
汉族	1596	89.81
少数民族	181	10.19
受教育程度		
小学以下	668	37.59
小学	719	40.46
初中	308	17.33
高中及以上	82	4.61
收入（元）	3000	9100

3.3.4　主要研究结果特征描述

接下来，对自评健康、12 个月内住院次数、健康问题对生活的影响 3 个与健康相关的结果变量进行描述，运行以下命令：

程序命令

```
• tab1 hlt hsp hef
```

得到结果如图 3-7 所示。

-> tabulation of hlt

自我感觉目前的身体健康状况	Freq.	Percent	Cum.
很不健康	225	12.66	12.66
比较不健康	588	33.09	45.75
一般	455	25.60	71.36
比较健康	423	23.80	95.16
很健康	85	4.78	99.94
不知道	1	0.06	100.00
Total	1,777	100.00	

-> tabulation of hef

过去四周由于健康问题影响工作或日常活动频繁程度	Freq.	Percent	Cum.
总是	182	10.24	10.24
经常	424	23.86	34.10
有时	488	27.46	61.56
很少	414	23.30	84.86
从不	268	15.08	99.94
不知道	1	0.06	100.00
Total	1,777	100.00	

-> tabulation of hsp

过去12个月里由于生病或受伤住院次数	Freq.	Percent	Cum.
0	1,145	64.43	64.43
1	302	16.99	81.43
2	173	9.74	91.16
3	91	5.12	96.29
4	20	1.13	97.41
5	15	0.84	98.26
6	14	0.79	99.04
7	3	0.17	99.21
8	1	0.06	99.27
9	1	0.06	99.32
10	3	0.17	99.49
12	2	0.11	99.61
15	1	0.06	99.66
16	1	0.06	99.72
20	1	0.06	99.77
60	1	0.06	99.83
98	1	0.06	99.89
99	2	0.11	100.00
Total	1,777	100.00	

图 3-7 自评健康、近期住院次数、健康问题对生活的影响描述性结果

由结果可以发现，12 个月内住院次数的频数为 0~3 者累积已超过样本总数的 95%，因此将频数为 4 及以上者进行合并，形成新的分类变量，并重新描述。运行程序如下：

程序命令

```
• gen hsp1=hsp
• replace hsp1=4 if hsp>4
• label variable hsp1 "近 12 个月住院情况"
• label define hsp1 0 "0 次" 1 "1 次" 2 "2 次" 3 "3 次" 4 "4 次及以上"
• label values hsp1 hsp1
• tab1 hsp1
```

所得结果如图 3-8 所示。

-> tabulation of hsp1

近12个月住院情况	Freq.	Percent	Cum.
0次	1,145	64.43	64.43
1次	302	16.99	81.43
2次	173	9.74	91.16
3次	91	5.12	96.29
4次及以上	66	3.71	100.00
Total	1,777	100.00	

图 3-8 近 12 个月住院次数情况

以上结果在研究中可以通过表 3-6 集中展示。

表 3-6 农村老年人健康状况

特征	频数	百分比（%）
自评身体健康		
很不健康	225	12.66
比较不健康	588	33.09
一般	455	25.60
比较健康	423	23.80
很健康	85	4.78
不知道	1	0.06
近 12 个月住院次数		
0 次	1145	64.43
1 次	302	16.99
2 次	173	9.74
3 次	91	5.12
4 次及以上	66	3.71
健康问题对生活的影响频繁程度		
总是	182	10.24
经常	424	23.86
有时	488	27.46
很少	414	23.30
从不	268	15.08
不知道	1	0.06

4

人口健康影响因素研究

关注到某种人口健康现状后，人们常常希望了解与现象相关的背后因素。健康的影响因素通常是指增加或减少某种健康结局（如疾病、伤害或者其他不良结局）发生概率的因素。其中，增加不良结局发生概率的因素被称为危险因素（risk factors），减少不良结局概率的因素则被称为保护因素（protective factors）。若某种属性或暴露状况增加了某种健康结局（不区分正向或负向结局）发生的概率，则也可称该因素为决定因素（determinant factors）。本章主要对人口健康影响因素分析的基本设计思路及实际操作法进行介绍。

4.1 影响因素分析的设计思路

人口健康的影响因素包含很多方面，研究者对健康状况主要驱动因素的贡献进行分解后发现，遗传因素、卫生保健等并不像人们想象的那么重要，而社会、经济和环境因素对人口健康却有着很大的影响，可贡献健康状况变化的45%~60%（Donkin A et al.，2018）。

4.1.1 健康影响因素常用理论模型

一些理论模型被开发出来用以进一步描述健康的决定因素构成。

在此，笔者主要介绍健康的社会决定因素彩虹模型、世界卫生组织健康的社会决定因素概念框架和泛美卫生组织健康的社会决定因素概念框架。

4.1.1.1 健康的社会决定因素彩虹模型

达尔格伦·格拉（Dahlgren Göran）和怀特海德·玛格丽特（Whitehead Margaret）于1991年提出了健康的社会决定因素彩虹模型（框架）。该框架绘制了社会、经济和物理环境要素与个别生物因素和行为相互作用的方式对健康状况的塑造。该框架（见图4-1）是被广泛引用的模型，也是确定社会决定因素范围的公认框架之一（Göran D et al.，1991）。

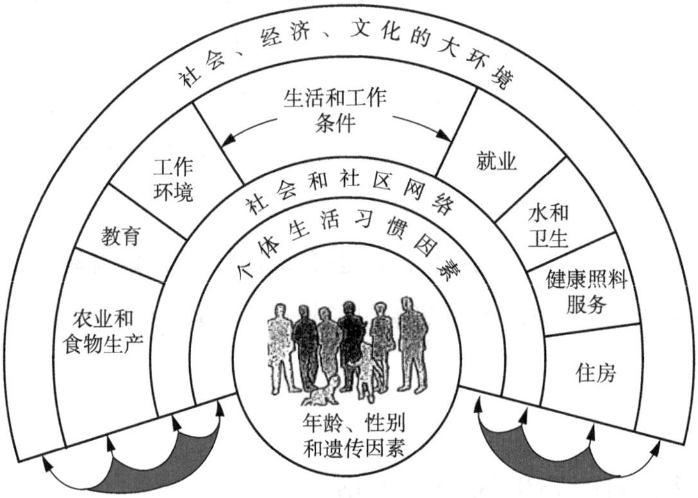

图4-1 健康的社会决定因素彩虹模型

资料来源：郭超．中国老年精神与躯体共残现状及影响因素研究［D］．北京：北京大学，2016：33.

在此框架中，个体是中心，每个个体的年龄、性别和遗传因素是个体最基本的信息。它们周围是对健康的社会决定因素，从内向外列出了4个层次，每个层次的内容除了已列出的部分，仍然有着可以增补和修改的空间。

具体而言，第一层是个体的行为，如饮食、吸烟、饮酒等，即可能促进或损害健康的健康相关行为和生活方式。

向外第二层是社会和社区的影响，包括在不利的情况下家庭、朋友、邻居以及社区成员彼此之间的支持，当然，若支持未被提供也可能对健康产生负面影响。

随后第三层是人们生活和工作的物质与社会条件，这取决于许多部分，如住房、教育、工作环境、健康照料服务获得和基本设施的提供、农业和食物生产、水和卫生条件等。

最后第四层是所有这些其他因素发生的更广泛的社会、经济和文化的大环境。

4.1.1.2 世界卫生组织健康的社会决定因素概念框架

为了减少引起人们日益关切的社会条件对健康的影响和健康状况差距，世界卫生组织于 2005 年设立了健康的社会决定因素全球委员会（Global Commission on Social Determinants of Health），就如何减少这些影响提供咨询意见。2010 年，该委员会在几经修改后正式出版了其关于健康的社会决定因素的概念框架（见图 4-2）。

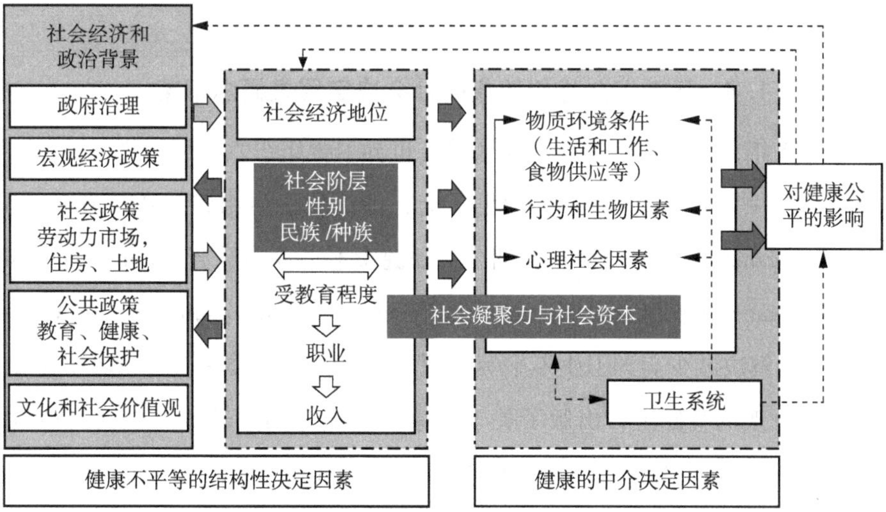

图 4-2 世界卫生组织健康的社会决定因素全球委员会 SDH 概念框架

注：作者自译，原图见《健康的社会决定因素行动的概念框架》（Solar O et al.，2010）。

此框架将健康的社会决定因素主要分为两类，首先是健康不平等的结构性决定因素，由两个主要成分构成，包括政府治理、宏观经济政策、社会政策、公共政策、文化和社会价值观在内的社会经济和政治背景，以及包括社会阶层、性别、民族/种族、受教育程度、职业、收入在内的社会经济地位，这两个部分也会相互作用、相互影响，并直接作用于人口健康的公平。而物质环境条件、行为和生物因素、心理社会因素则构成了健康的中介决定因素，在结构性决定因素对健康公平的作用路径上，通过形成社会凝聚力与社会资本以及影响卫生系统而发挥中介效应。社会凝聚力与社会资本是结构性和中介决定因素相联系的纽带，作为贯穿各领域的因素，其使得结构因素能够通过影响中介因素来增加健康风险，从而影响人口健康与福祉。此外，健康结局的改变也将反馈到结构性因素上，使得人口的这类条件变差，形成恶性循环。例如，在就业政策与就业市场影响下的个体失业，将会降低其社会经济地位，进而通过变差的生活条件导致健康状况受损，从而进一步降低其再就业的可能。因此，不同维度、不同层次的社会决定因素与健康不平等之间也存在不断的反馈机制和相互作用。

4.1.1.3 泛美卫生组织健康的社会决定因素概念框架

2016 年，世界卫生组织美洲区域（世界卫生组织六大区域之一）办事处设立了一个针对该区域事务的委员会，即泛美卫生组织（Pan American Health Organization，PAHO）美洲公平和健康不平等委员会（Pan American Health Organization's Commission on Equity and Health Inequalities in the Americas），以解决减少美洲卫生不平等问题。2019 年，该委员会在世界卫生组织 SDH 框架的基础上，出版了关于健康社会决定因素的概念框架（Commission of the Pan American Health Organization on Equity and Health Inequalities in the Americas，2019）（见图 4-3）。

相较于世界卫生组织的 SDH 概念框架，泛美卫生组织的 SDH 概念框架一方面更加强调持续的殖民主义、结构性种族主义以及土地关系的重

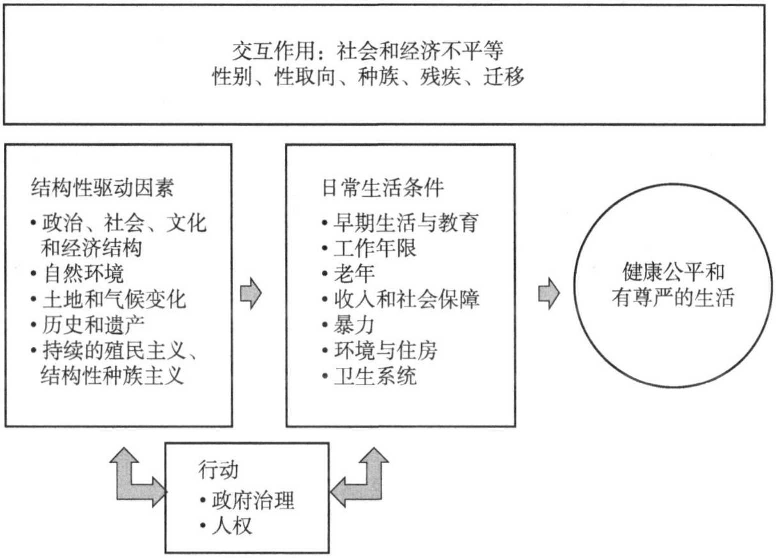

图 4-3 泛美卫生组织美洲公平和健康不平等委员会 SDH 概念框架

注：作者自译，原图见《公正的社会：健康公平和有尊严的生活》（Commission of the Pan American Health Organization on Equity and Health Inequalities in the Americas，2019）。

要性；另一方面在社会经济结构之外，还更加重视自然环境和气候变化，更加注重性别、种族、性取向、生活阶段和残疾程度等方面的不平等以及彼此之间的作用关系，并在行动中更加明确地关注人权。在健康结局方面，除了对健康公平的强调，还将有尊严的生活置于同等重要的位置。

与世界卫生组织 SDH 框架的异曲同工之处在于，泛美卫生组织的 SDH 概念框架也是由结构性驱动因素和中介因素构成，并指出日常生活条件和现有的卫生系统是由一系列更广泛的结构性驱动力量（社会经济、政治和文化背景）决定的，同时突出了政府治理、人权行动对二者共同的影响。

该框架中每一个条目都是健康公平潜在的切入点，都可以采取针对性行动。就此，委员会进一步针对结构性驱动因素、日常生活条件以及健康公平治理提出了 12 项促进地区健康平等的建议，具体包括以下应采取的优先目标和具体措施：

（1）针对结构性驱动因素，建议就以下方面开展行动：①实现政治、社会、文化和经济结构的公平；②保护自然环境，减缓气候变化，尊重与土地的关系；③扭转殖民主义和结构性种族主义对卫生公平的影响。

（2）针对日常生活条件，建议优先考虑实现以下目标：①起跑线上的公平：早期生活和教育；②体面的工作；③晚年有尊严的生活；④收入和社会保障；⑤减少暴力促进健康公平；⑥改善环境和住房条件；⑦健康制度公平。

（3）针对健康公平治理，应努力促进：①健康公平的治理安排；②实现和保护人权。

4.1.2 影响因素分析的设计思路

人口健康的影响因素分析是从众多潜在因素中寻找、识别与所研究的健康结局、行为或服务相关的因素，从而为健康教育与行为干预提供依据。其中，一些影响因素（如环境状况、生理指标及行为）经常变化或较容易改变，对其进行识别与分析则可以通过健康政策、干预项目、健康教育等方式进行危险因素干预；一些影响因素（如基因、生理性别等）不易改变或不常变化，则有助于识别需针对性关怀的重点人群（谷鸿秋，2018c）。因此，虽然影响因素研究常常只能得到统计学上的相关性，无法做出因果判断，但也可为识别健康促进的重点人群提供线索，加之其较为简便的研究设计与流程，在人口健康量化分析方法中一直占据重要地位。

人口健康影响因素研究的设计思路重点是要根据研究问题建立两种现象或事物变量值相随变化的回归关系。

4.2 影响因素研究的统计分析方法

4.2.1 基本概念

在人口健康研究中，影响因素分析通常包含两个部分：单因素分析和多因素分析。

单因素分析一般是指对只有一个因素的有无和变化而产生的结局变量的相应差别进行比较的分析（武广华等，2001），既包括对具体值的展示，也包括对二者关系的回归建立，但通常都需要通过某种基于变量类型的统计检验加以验证。

此外，人口健康研究也注重探索多种因素对健康的相互作用，其中，最初步的就是开展一项多因素分析。多因素分析，即通过将多个可能与结局变量相关的因素同时开展分析，以从整体上把握某一结局变量的影响因素。多因素分析最常用的方法是将潜在的变量同时纳入一个回归模型，通过变量彼此之间的相互控制，实现对模型较好的拟合。

回归（regression）是一种常见的用以分析两个或两个以上变量之间的关系的统计分析方法，由英国统计学家和遗传学家弗朗西斯·高尔顿（Francis Galton）首先提出。他在开展人类身高的遗传学研究时发现，一般而言，子代的平均身高总是向着种族的平均身高"回归"，而并非延续其父辈的优势或者劣势。在这个意义上，在一些个体中，当一个变量的引入能够使另一个变量衡量的特征差异变小，二者便构成了类似的回归关系（车文博，2001）。

在回归关系中，两种现象或事物的变量值相随变化，其中不依赖其他变量的变化而自己变化的量，被称为自变量，亦称"独立变量"（刘福岭，1990）。由于其在变量之间因果关系的假设中是导致反应变量变化的原因，用于解释因变量，因此也称为解释变量（explanatory variable）（王翔朴等，2000）。

而在回归关系中依靠另一变量的变化而变化的量则为因变量（dependent variable），或称"应变量""依变量""响应变量"（刘福岭，1990）。在变量之间因果关系的假设中是受独立变量的影响而发生变化的反应变量，其变化原因由解释变量做出解释或说明，因此也称为被解释变量（explained variable）（王翔朴等，2000）。

除了研究关注的自变量，还有其他能使因变量发生变化的变量，需要在回归关系中加以控制，以剔除其在自变量与因变量关系之间引起的混淆效应，此类变量在分析时被称作控制变量（control variable）（车文博，2001）。需要注意的是，自变量、因变量、控制变量是因研究目的和问题不同而变化的，不存在哪种因素一定是控制变量之说。在旨在通过多因素回归开展的多因素分析中，研究感兴趣的多个自变量可以相互为控制变量，同时也可加入个体其他可能造成因变量变化的控制变量。

4.2.2 统计分析方法

开展影响因素分析的第一步，是建立一个合理的假设，以进一步通过统计方法对其进行验证。这里的假设（hypothesis）是指对自变量与因变量之间进行预测的陈述。而无论以何种方式加以陈述，假设都有被验证或者被推翻的可能，即在给定条件下或者为真，或者为假。既不能被验证也不能被推翻的陈述，不是真正的假设。

接下来，需要为所感兴趣的研究问题确定自变量和因变量。在人口健康研究中，自变量作为感兴趣的影响因素，可为分类变量或连续变量，如年龄，以 5 岁组分类，或以某一年龄二分类，或作为连续值。因变量通常为健康结局、行为、卫生服务利用等，也可以是分类变量或者连续变量，分类变量如是否患病、是否残疾等，连续变量如儿童的身高、体重等。

确定研究的分析单位，即研究中所采用的产出测量单位，也是非常重要的步骤。在第 2 章已经提到，没有清晰明确研究的分析单位，可能造成生态学谬误或层次谬误，即用某一个层次的数据推导出有关另一个层次数据的结论。常见的层次谬误如根据集合单位的分析结果作关于个体的断言。例如，采用区域层面的数据得出经济水平越发达的地区死亡率越低，却做出个人收入越多死亡率越低的结论，即犯了此类错误。

对于具体开展的影响因素分析，因变量的类型决定了我们采用何种回归方法。当因变量为连续变量时，无论自变量是分类变量还是连续变量，通常采用线性回归（linear regression），回归结果中的自变量系数与标准误以及统计检验的 P 值是主要的效应指标。

当因变量为分类变量，尤其是在人口健康中最为常见的二分类变量时，无论自变量是分类变量还是连续变量，通常采用逻辑斯蒂回归（logistic regression），回归结果中的自变量比值比（odds ratio，OR）与95%的置信区间（Confidence Interval，CI）以及统计检验的 P 值是主要的效应指标。如因变量为无自然规律（无序）的多分类变量，可以采用多项逻辑斯蒂回归（multinomial logistic regression）；如因变量为有序多分类变量，可以采用定序逻辑斯蒂回归（ordered logistic regression）（见表 4-1）。

表 4-1　影响因素统计分析方法

<table>
<tr><th>因变量</th><th>自变量</th><th>统计方法</th><th>效应指标</th></tr>
<tr><td rowspan="2">连续变量</td><td>分类变量</td><td rowspan="2">线性回归</td><td rowspan="2">β（系数）
SE（标准误）</td></tr>
<tr><td>连续变量</td></tr>
<tr><td rowspan="2">二分类</td><td>分类变量</td><td rowspan="2">Logistic 回归</td><td rowspan="6">OR（比值比）
95% CI（置信区间）</td></tr>
<tr><td>连续变量</td></tr>
<tr><td rowspan="2">无序多分类</td><td>分类变量</td><td rowspan="2">多项 Logistic 回归</td></tr>
<tr><td>连续变量</td></tr>
<tr><td rowspan="2">有序多分类</td><td>分类变量</td><td rowspan="2">定序 Logistic 回归</td></tr>
<tr><td>连续变量</td></tr>
</table>

4.3　研究案例与 Stata 操作

在此，笔者根据中国综合社会调查 2017 年数据中提取的小型数据库，应用 Stata16.0 软件，通过研究案例对影响因素统计分析方法加以演示。

4.3.1　中国青年 BMI 的社会影响因素

首先，在数据存储路径下打开数据库 ch4. dta。该数据库包含了 814 个

18~24 岁的中国青年样本。查看数据库中的变量名称、标签等信息，ch4 数据库各变量的名称和标签如表 4-2 所示。

表 4-2 ch4 数据库中变量名称和标签

变量名	变量标签
id	个体编号
sex	性别
age	年龄（岁）
han	民族
rlg	宗教信仰
rsd	城乡居住地
*edc*1	受教育程度
hgt	目前的身高（厘米）
wgt	目前的体重（斤）
hlt	自我感觉目前的身体健康状况
exc	在过去的 12 个月里在通常情况下进行时间达到 30 分钟且会让身体出汗的体育锻炼活动（次/周）
bmi	BMI（体重公斤数除以身高米的平方）
obesity	是否肥胖（bmi≥25 计为肥胖）

下面，笔者开展一项中国青年 BMI 的社会影响因素研究。在数据库中，笔者感兴趣的社会经济变量有民族、宗教信仰、城乡居住地、受教育程度。首先，进行单因素分析，分别对上述各变量与连续变量 BMI 之间的关系进行单因素线性回归，运行如下程序：

程序命令

```
• reg bmi i.han,allbase
```

其中，“i.”用以标识 han 为分类变量，添加的 allbase 指令将在结果中显示自变量的参考组。所得结果如图 4-4 所示。

```
      Source |       SS           df       MS      Number of obs   =       814
-------------+----------------------------------   F(1, 812)       =      2.28
       Model |  288.608812         1  288.608812   Prob > F        =    0.1312
    Residual |  102678.533       812  126.451395   R-squared       =    0.0028
-------------+----------------------------------   Adj R-squared   =    0.0016
       Total |  102967.142       813  126.650851   Root MSE        =    11.245

------------------------------------------------------------------------------
         bmi |      Coef.   Std. Err.      t    P>|t|     [95% Conf. Interval]
-------------+----------------------------------------------------------------
         han |
        汉族 |          0  (base)
    少数民族 |  -2.011452   1.331425    -1.51   0.131    -4.624894    .6019886
             |
       _cons |   21.77023   .4147803    52.49   0.000     20.95606     22.5844
------------------------------------------------------------------------------
```

图 4-4　民族与青年 BMI 的关系

在结果第二个表中，*han* 自变量中"少数民族"的系数为-2.011452，说明相比汉族青年，少数民族青年的平均 BMI 值少 2.011，*P*>0.05，表示该差异在 5%的显著性水平上不具有统计学意义。结果第一个表及旁边的指标是对模型拟合情况的展示，R-squared = 0.0028，说明 han 自变量仅能解释 0.28%的 BMI 变动。

同理，运行如下程序对其他几个自变量与 BMI 之间的关系开展单因素线性回归分析：

程序命令

- reg bmi i.rlg,allbase
- reg bmi i.rsd,allbase
- reg bmi i.edc1,allbase

所得结果可汇总在表 4-3 中进行集中展示。

表 4-3　中国青年 BMI 的社会影响因素：单因素分析结果

因素	系数	SE	*P* 值
民族			
汉族			
少数民族	-2.011	1.331	0.131

续表

因素	系数	SE	P 值
宗教信仰			
无			
有	0.114	1.534	0.941
居住地			
城			
乡	0.191	0.949	0.841
受教育程度			
小学以下			
小学	-0.165	5.555	0.976
初中	1.295	3.708	0.727
高中及以上	0.859	3.591	0.811

接下来，笔者将 4 个感兴趣的自变量与其他可能影响青少年 BMI 的控制变量同时纳入回归模型，运行如下程序开展多因素线性回归分析：

程序命令

```
• reg bmi i.han i.rlg i.rsd i.edc1 i.sex age exc i.hlt,allbase
```

所得结果如图 4-5 所示。结果显示 4 个自变量的系数仍然不显著，但整个回归模型的 R-squared 增加了，说明该模型对 BMI 的整体解释力度增加了。

Source	SS	df	MS			
				Number of obs	=	814
				F(13, 800)	=	0.64
Model	1059.01594	13	81.4627647	Prob > F	=	0.8216
Residual	101908.126	800	127.385157	R-squared	=	0.0103
				Adj R-squared	=	-0.0058
Total	102967.142	813	126.650851	Root MSE	=	11.287

bmi	Coef.	Std. Err.	t	P>|t|	[95% Conf.	Interval]
han						
汉族	0	(base)				
少数民族	-2.049007	1.415385	-1.45	0.148	-4.827315	.7293008
rlg						
未选择	0	(base)				
是	-.2220547	1.627744	-0.14	0.892	-3.417209	2.973099
rsd						
城	0	(base)				
乡	.4938683	1.010822	0.49	0.625	-1.490309	2.478046
edc1						
小学以下	0	(base)				
小学	-.0550212	5.592302	-0.01	0.992	-11.03234	10.9223
初中	1.661705	3.79234	0.44	0.661	-5.782408	9.105818
高中及以上	1.284108	3.66821	0.35	0.726	-5.916344	8.484561
sex						
男	0	(base)				
女	-1.443483	.8035345	-1.80	0.073	-3.020768	.1338016
age	-.0096827	.2064763	-0.05	0.963	-.4149821	.3956166
exc	-.0136402	.0230911	-0.59	0.555	-.0589665	.0316861
hlt						
很不健康	0	(base)				
比较不健康	-3.773112	6.618598	-0.57	0.569	-16.76498	9.218757
一般	-2.861784	5.920763	-0.48	0.629	-14.48385	8.760281
比较健康	-4.17245	5.851645	-0.71	0.476	-15.65884	7.313942
很健康	-4.218599	5.859183	-0.72	0.472	-15.71979	7.282589
_cons	25.58426	8.010202	3.19	0.001	9.860763	41.30775

图 4-5　中国青年 BMI 的社会影响因素：多因素分析结果

4.3.2　中国青年肥胖的社会影响因素

接下来，笔者将因变量替换成二分类变量 *obesity*，利用 Logistic 回归开展中国青年肥胖的社会影响因素研究。分析的整体思路与上文的线性回归相似，首先开展单因素分析，运行如下程序：

程序命令

```
• logit obesity i.han,or allbase
• logit obesity i.rlg,or allbase
• logit obesity i.rsd,or allbase
• logit obesity i.edc1,or allbase
```

其中，添加的选项“or”标示将在结果中汇报 OR 值而不是原始系数。上述 4 个程序得到的结果如图 4-6 所示。

Logistic regression　　Number of obs = 814
　　LR chi2(1) = 6.43
　　Prob > chi2 = 0.0112
Log likelihood = -286.0103　　Pseudo R2 = 0.0111

obesity	Odds Ratio	Std. Err.	z	P>|z|	[95% Conf.	Interval]
han						
汉族	1	(base)				
少数民族	.2828947	.169537	-2.11	0.035	.0873988	.9156815
_cons	.1395349	.0157009	-17.50	0.000	.1119187	.1739654

Logistic regression　　Number of obs = 814
　　LR chi2(1) = 0.95
　　Prob > chi2 = 0.3299
Log likelihood = -288.74854　　Pseudo R2 = 0.0016

obesity	Odds Ratio	Std. Err.	z	P>|z|	[95% Conf.	Interval]
rlg						
未选择	1	(base)				
是	.6805554	.2590692	-1.01	0.312	.3227259	1.435136
_cons	.1836735	.0666103	-4.67	0.000	.0902305	.3738865

Logistic regression　　Number of obs = 814
　　LR chi2(1) = 1.26
　　Prob > chi2 = 0.2617
Log likelihood = -288.59325　　Pseudo R2 = 0.0022

obesity	Odds Ratio	Std. Err.	z	P>|z|	[95% Conf.	Interval]
rsd						
城	1	(base)				
乡	1.331542	.3339121	1.14	0.254	.8145136	2.176765
_cons	.120354	.0154484	-16.50	0.000	.0935841	.1547815

Logistic regression　　Number of obs = 814
　　LR chi2(3) = 7.92
　　Prob > chi2 = 0.0477
Log likelihood = -285.26251　　Pseudo R2 = 0.0137

obesity	Odds Ratio	Std. Err.	z	P>|z|	[95% Conf.	Interval]
edc1						
小学以下	1	(base)				
小学	.6666667	.8923544	-0.30	0.762	.0483669	9.189013
初中	.9292929	.7655136	-0.09	0.929	.184913	4.670225
高中及以上	.4407895	.3530639	-1.02	0.306	.0917139	2.118494
_cons	.25	.1976424	-1.75	0.080	.0530892	1.177264

图 4-6　中国青年肥胖的社会影响因素：单因素分析结果

第一个回归结果表明，少数民族青年肥胖的风险显著低于汉族青年（$P=0.035$），是汉族青年的 28.3%。而不同宗教、居住地、受教育程度的青年在是否肥胖上的差异在 5%的水平上不显著。

接下来，笔者还是将 4 个感兴趣的自变量与其他可能影响青年肥胖的控制变量同时纳入回归模型，运行如下程序开展多因素 Logistic 回归分析：

程序命令
• `logit obesity i.han i.rlg i.rsd i.edc1 i.sex age exc i.hlt,allbase`

得到结果如图 4-7 所示。

```
Logistic regression                             Number of obs     =        814
                                                LR chi2(13)       =      47.52
                                                Prob > chi2       =     0.0000
Log likelihood = -265.4636                      Pseudo R2         =     0.0821
```

obesity	Odds Ratio	Std. Err.	z	P>|z|	[95% Conf.	Interval]
han						
汉族	1	(base)				
少数民族	.2481749	.1540889	-2.24	0.025	.0734949	.8380287
rlg						
未选择	1	(base)				
是	.6898742	.2877749	-0.89	0.373	.3045782	1.562576
rsd						
城	1	(base)				
乡	1.317147	.3656971	0.99	0.321	.7643706	2.269681
edc1						
小学以下	1	(base)				
小学	.714616	1.034721	-0.23	0.816	.0418392	12.20567
初中	.9898551	.9508025	-0.01	0.992	.1506442	6.504154
高中及以上	.5345337	.5002235	-0.67	0.503	.0853905	3.346112
sex						
男	1	(base)				
女	.3746444	.091832	-4.01	0.000	.2317259	.6057088
age	1.109803	.0666561	1.73	0.083	.9865561	1.248447
exc	.991837	.0087272	-0.93	0.352	.9748787	1.00909
hlt						
很不健康	1	(base)				
比较不健康	.233395	.313014	-1.08	0.278	.0168467	3.233456
一般	.2576065	.3044431	-1.15	0.251	.0254094	2.611675
比较健康	.1166288	.1359266	-1.84	0.065	.0118785	1.145117
很健康	.1362277	.1587995	-1.71	0.087	.0138684	1.338146
_cons	.3556888	.6912768	-0.53	0.595	.0078844	16.04612

图 4-7　中国青年肥胖的社会影响因素：多因素分析结果

结果表明，加入控制变量与其他社会变量后，民族这一变量与肥胖的关系仍然显著，少数民族青年肥胖的风险是汉族青年的 24.8%。

5

处理效应与健康研究

处理效应（effect）估计是测量一项活动（项目或干预）或某种因素的影响，测量有该因素时和没有该因素或活动时所产生结果的差异。作为区别于从众多潜在的因素中寻找、识别高危因素，从而为健康教育与行为干预提供依据的影响因素分析，处理效应估计往往是关注某特定因素或干预的效应，需要控制其他混杂因素，以便获得更加准确的效应估计。本章主要对人口健康研究中估计处理效应的基本设计思路及主要方法进行整体性介绍。

5.1 因果关系的建立

处理效应估计的目的在于回答在目标人群中观察到的某一变量 Y 的变化中，有多少（如有）是由于另一变量 X 的变化所产生的。而估计出来的这部分变化，须是真实地来自 X 而非其他变量或因素。因此，从本质上讲，处理效应是企图确定变量 X 与 Y 之间的因果关系，即 X 是导致结果 Y 的原因。同时，X 与 Y 二者之间“真正引起”的关系也意味着处理效应估计的内部效度（internal validity），其与以二者关系可外推到怎样的人群、环境和时间范围来衡量的外部效度（external validity），共同决定了处理效应估计的效果。

5.1.1 内部效度及其影响因素

要想实现内部效度，首先要明确因果关系建立的必备条件，其中最为关键的几个包括（杜本峰，2017）：

（1）关系条件（relationship condition）：变量 X 与变量 Y 必须有关，这里的“有关”可以通过统计检验来验证，且须保证结果准确、可靠。

（2）时间先行条件（temporal antecedence condition）：变量 X 与变量 Y 之间存在适当的时间顺序，即 X 先于 Y 出现。

（3）理论基础条件（theoretical basis condition）：变量 X 与变量 Y 之间的“有关”不仅仅是统计学上的相关关系和预测规律，而是存在理论上可解释的关系基础。

（4）无替代解释条件（lack of alternative explanation condition）：变量 X 与变量 Y 之间的关系中无隐藏的其他因素，即并不是由一些混杂的外部或第三方因素引起的。

影响内部效度的因素有很多，首先需要考虑的是在因果关系逻辑链上隐含的时间性所带来的问题：

第一，从研究对象自身来看，由于事物变化的普遍性，所观察到的 Y 的变化可能是在研究对象随时间推移所发生的一种进展和变化，即自身的“成熟”，而并非或并非全部 X 所引起，这被称为“成熟的因素”。

第二，除研究对象自身的成熟外，在研究期间其他特殊事件的发生或外部环境的突变也可能导致 Y 的变化，如同研究开始到结束这一期间的历史所造就的，这被称为“历史的因素”。

第三，即使不考虑成熟的因素和历史的因素，发生在观察对象上的极端值也往往会随着时间的推移向均数或平均水平移动，类似于上文提到的“回归”，这被称为“回归的因素”。

幸运的是，这 3 类涉及时间推移与事物变化的关系所带来的内部效度忧虑都可以通过“设置对照组”的方式加以解决，而对照组与实验组特征的同质性是问题能否彻底解决的关键，即通过具有同质性的对照组模拟相似的“成熟”特征、对“历史”事件的响应以及“回归”规律，以抵消对实验组相应混杂的担忧。

此外，设置对照组还有助于解决以下两种因处理效应估计的实验行为而造成的内部效度问题：一个是测量的因素，是指在通常的处理效应估计研究中需要进行两次或两次以上的测量来捕捉变化的情况，而第一次测量的行为可能对第二次测量产生影响，即观察到的部分 Y 的变化可能是由于测量的次数所导致的；另一个是工具的因素，区别于测量这一行为本身，工具的因素重点是指测量工具包括观察者或记录员的变化所导致的测量行为特点的变化，即观察到的部分 Y 的变化可能是由于测量工具的特点所导致的。

然而，对照组与实验组具有同质性是很高的实验要求，如果实验组和对照组研究对象的选择或组成有系统性的差别（如没有做到完全随机化），则可能导致偏倚，使观察到的 Y 的变化除 X 的影响外还可能包括实验组与对照组其他特征的差异所做的贡献，这在内部效度的威胁因素中被称为“选择的因素”。

最后，即使在实验前做到了实验组与对照组研究对象的同质性，仍然不能高枕无忧，因为在研究过程中，不同组别间的研究对象还可能出现其他无法控制的差别，如两组间不同的退出率或磨损率，这被称为“实验退出的因素”。

在实际研究中，除了上述内部效度的威胁因素，还可能出现若干种因素相互影响、交叠的交互作用，这会对因果关系的判断产生更加复杂的影响。

5.1.2 外部效度及其影响因素

外部效度包括总体效度（也叫人群效度，population external validity）和环境效度（也叫生态效度，ecological external validity）。

由于通常的因果推断都是通过一定数量的样本开展的，那么在样本中验证的关系在多大程度上可以推广到其取样的总体或更大的总体，这便是总体效度。影响总体效度的因素主要包括样本的抽样方法、样本对总体的代表性、样本在采集时的流失情况等（胡咏梅等，2011）。

另外，因果关系的推断往往是在研究者所创造的一组特定环境条件下进行的，而在样本中验证的关系在多大程度上可以推广到真实的生活或不同的环境下，便是环境效度。环境效度依赖于实验环境的准确记录与可重复性、研究对象与实验人员的关系、研究的时间与时期要求等（胡咏梅等，2011）。

5.2 反事实问题与处理效应估计的基本理论

如上文所述，因果关系需要我们确定 X 是导致结果 Y 的原因，那么如果不是 X，Y 的结果自然是另一种样子。因此，因果关系的内核可以描述成：如果 Y 的确由 X 造成，那么 X 条件下产生的结果 Y 与非 X 条件下的结果 Z 之差就应不等于 0；反之则为 0。

如果研究对象的 X 条件为观察到的事实，那么研究对象如果不被暴露于 X 条件的情境即为反事实。假定任何因果分析的研究对象都有两种条件下的结果，即观察到的和潜在的未被观察到的（潜在结果），进而进行对结果的推断，称为“反事实推断”。

5.2.1 尼曼反事实框架

美籍统计学家杰兹·尼曼（Jerzy Neyman）首先从潜在结果的角度提出了反事实推断框架（counterfactual framework），并于 1923 年第一次将这一框架用于纯随机实验之中，奠定了现代统计关于因果分析的理论基础（郭申阳等，2012）。尼曼反事实框架的主要内容包括：

假定每一个处在干预之中的个体 i 对应未被干预和被干预状态的潜在结果分别是 Y_{0i}和 Y_{1i}；$X_i=1$ 表示接受干预，$X_i=0$ 表示不接受干预，同时 Y_i 表示所测量的结果变量，那么，尼曼反事实框架的表达式如下：

$$Y_i=X_iY_{1i}+(1-X_i)Y_{0i}=Y_{0i}+(Y_{1i}-Y_{0i})X_i \tag{5-1}$$

在尼曼反事实框架下，若想验证家庭贫困与儿童认知水平的因果关系，则可以通过以下思路进行设计：

如果儿童生活在贫困家庭，则 $X_i=1$，其认知水平为 Y_{1i}；

如果儿童不生活在贫困家庭，则 $X_i=0$，其认知水平为 Y_{0i}；

如果 $Y_{1i}<Y_{0i}$，则可以相信是 $X_i=1$ 导致了更低的儿童认知水平。

然而，这其中存在一个关键问题，即同一儿童不可能同时处于贫困和不贫困家庭，即 Y_{0i}是未被观测到的。

为了解决这一问题，一种仿真的反事实被开发出来，即比较研究对象在获得 X 条件之前与之后的 Y 状态，这被称为“反身比较”。

依此思路，可以设计一个验证家庭经济条件改善与儿童认知水平的因果关系的分析过程：

初始儿童生活在贫困家庭，则 $X_i=0$，其认知水平为 Y_{0i}；

通过某一家庭资助计划，儿童生活的家庭经济条件改善，则 $X_i=1$，其认知水平为 Y_{1i}；

那么如果 $Y_{1i}<Y_{0i}$，我们是否可以相信是 $X_i=1$ 导致了更高的儿童认知水平？

笔者通过图 5-1 来对此进行分析。图中，随着家庭经济条件的改善，儿童认知水平从 Y_0 增加到 Y_1（实斜线），此时，若以基线（家庭经济条件改善前）为仿真的反事实，Y_1-Y_0 即为 X（家庭经济条件改善）对儿童认知水平的效果。然而，对于此案例，我们不免怀疑，如果不实施家庭经济条件改善计划，随着时间的推移，儿童的认知水平本身是否也会提高？即真正的反事实也许是图中的虚斜线，而真正由 X 引起的 Y 的变化可能为 Y_1-Y_2。即不能区分 X 和其他外部效应的影响，此处的仿真的反事实高估了 X 的效应。

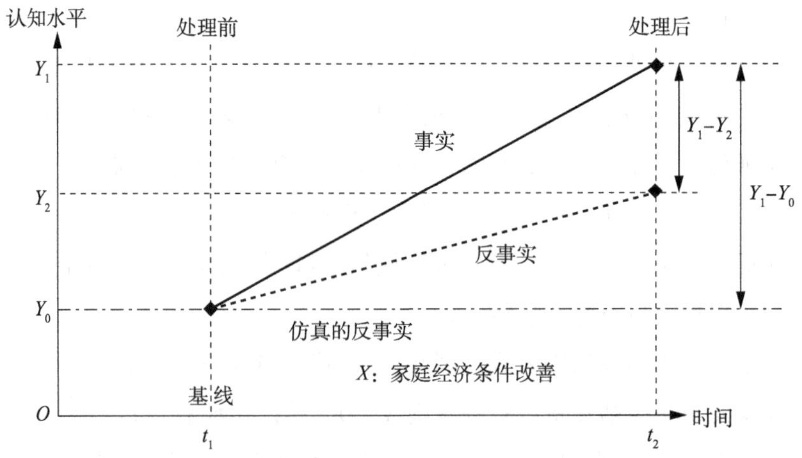

图 5-1　家庭经济条件改善与儿童认知水平：反身比较结果释义

5.2.2 鲁宾反事实框架

此时，美国统计学家唐纳德·鲁宾（Donald B. Rubin）提出的反事实框架有助于解决这一问题。鲁宾反事实框架的主要内容包括：

假设个体 i 是否处于 X 条件，不影响任何其他个体，即满足“个体处理效应稳定假设”（Stable Unit Treatment Value Assumption，SUTVA），则研究者可以通过考察总体中被处理对象的平均结果（average outcome）$[E(Y_1 \mid X=1)]$ 和未被处理对象的平均结果 $[E(Y_0 \mid X=0)]$ 来估计反事实，即可以将计算的这两组之间在平均结果上的差值（difference）作为处理效应。在此情况下，研究得到的将是比较不同个体在不同处理下的平均处理效应的标准估计量（Standard Estimator for the Average Treatment Effect，ATE）（Nichols A，2007）：

$$ATE=E(Y_1 \mid X=1)-E(Y_0 \mid X=0) \tag{5-2}$$

后来，鲁宾进一步以“潜在结果”（potential outcomes）这一个更合适的概念来解释反事实机制，并将其与随机化方法相结合，将潜在结果模型系统地应用于随机实验和观察性研究，助力匹配和倾向值等方法的发展（李文钊，2018）。

在初级尼曼反事实框架下，若想验证某一旨在促进家庭经济条件改善的家庭资助计划与儿童认知水平的因果关系，则可以通过以下思路来设计：

$X_i=1$ 表示参与家庭经济条件改善计划者，$X_i=0$ 表示未参与者，Y_i 表示儿童认知水平，则参与计划者的 Y_i 的值表示为 Y_i（1），未参与者的 Y_i 的值表示为 Y_i（0），改善计划的平均处理效应的标准估计量可表示为：

$$ATE=E[Y_i(1) \mid X_i=1]-E[Y_i(0) \mid X_i=0] \tag{5-3}$$

然而，由于参与组和非参与组在计划实施之前的状态不同，两组之间的预期差别不能完全归因于计划干预。

笔者通过图 5-2 来对此进行更为直观的分析。图中，随着家庭经济条件的改善，儿童认知水平从 Y_0 增加到 Y_1（实斜线）。然而，对于此案例，本身经济条件差的家庭才更有可能参与家庭经济条件改善计划，而生活在其中的儿童也很可能本身认知水平较低，即非参与组的初始 Y 值较高（图中长虚斜线），此时，若以未参与组为仿真的反事实，Y_1-Y_2 即为 X（家庭经济条件改善）对儿童认知水平的影响。真正的反事实是图中的短虚斜线，而真正由 X 引起的 Y 的变化可能为 Y_1-Y_3。此处的仿真的反事实可能低估了 X 的效应。

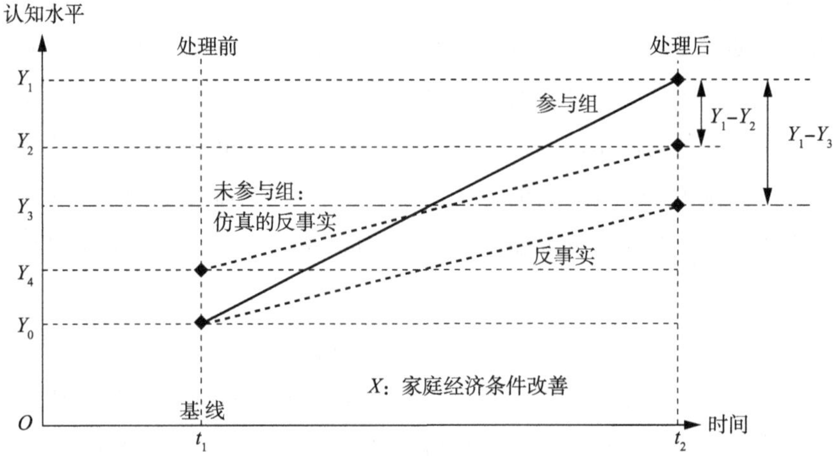

图 5-2　家庭经济条件改善与儿童认知水平：仿真的反事实结果释义

在其他研究中，根据仿真的反事实不同的初始状态和干预的方向，还可能出现高估干预的效应，甚至错估干预效应的方向等问题。

5.3　处理效应的估计方法概览

那么如何能够真正获得受干预组的平均干预效应（Average Treatment Effect of the Treated，ATT）呢？下面，在 ATE 的表达式中对参与者假如不受干预的预期结果 $E[Y_i(0) \mid T_i=1]$ 这一项作一加一减的处理，即：

$$ATE=E[Y_i(1) \mid X_i=1]-E[Y_i(0) \mid X_i=0]$$
$$-E[Y_i(0) \mid X_i=1]+E[Y_i(0) \mid X_i=1]$$

然后，从纵向来观察上面的表达式，等号右边前一半 $E[Y_i(1) \mid X_i=1]-E[Y_i(0) \mid X_i=0]$ 即为参与者受干预和不受干预的差，即 ATT；而等号右边后一半 $E[Y_i(0) \mid X_i=1]-E[Y_i(0) \mid X_i=1]$ 即为参与者与非参与者在未干预前的初始状态的差异，即选择偏差（*Selection Bias*，*B*）。因此，*ATE*＝ATT+B。

那么，在实际研究中，在 ATE 普遍可以操作的情况下，如何尽可能地得到无法通过直接观察得到的 ATT 呢？显而易见，我们有三种思路：

第一，找到一个方案来避免选择偏差，即令 B＝0，则 ATE 即为 ATT。

第二，找到一个方案来计算选择偏差，即获知 B 等于几，算出 ATT。

第三，找到一个方案来抵消选择偏差，即虽然不知 B 的具体数值，但能保证算出的 ATE 里不包含 B，仅为 ATT 或其部分。

5.3.1 避免选择偏差

对于第一种情况，随机对照实验，以随机分派的方式将实验对象分派到实验组和对照组（或各个不同的处理组），可以认为处理组和控制组在属性上相似，实现避免选择偏差（B＝0）（见图 5-3）。

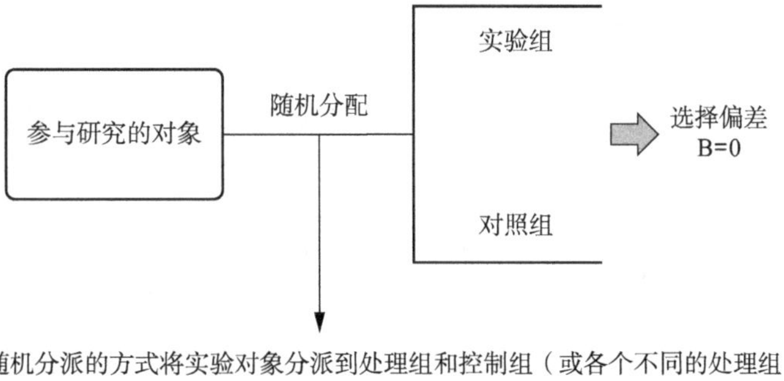

图 5-3 随机对照实验原理示意图

5.3.2 计算选择偏差

对于第二种情况，计算选择偏差的前提是假设个体依可观测变量选择是否接受处理或干预。此时，常用的方案便有回归、匹配、工具变量、断点回归等。

回归是指通过加入可以解释处理组和控制组之间的原始差异的变量，进而减去完全属于原始差异的部分来调整其最终差异的方法。这里加入的变量即之前假设的、可观测的、个体用以选择是否接受处理或干预的特征。那么这种方案能够有效的关键在于模型能够完整地测量到二者之间的原始差异，否则剩下的差异也不是干预的真正净效果。

匹配是指先确定处理组，然后通过一些特征的匹配来决定哪些对象可以和处理组相配对从而建立控制组的方法。这些用以匹配的特征便是之前假设的、可观测的、个体用以选择是否接受处理或干预的特征。那么这种方案能够有效的关键在于选择用以匹配的变量的识别和获取。

工具变量法是针对可能存在的未观察到的个体异质性，通过某一外生的（无未观察到的异质性干扰的）工具变量，定位和剥离出一个外生部分，以此来估计处理效应。

断点回归则是个体依可观测变量选择的一种特殊情形，即有时处理变量完全由另一某连续变量是否超过某分界点所决定。此时，该分配变量便可以帮助我们获取在分界点附近处理变量与结果变量的因果关系。

5.3.3 抵消选择偏差

第三种情况是在假设个体依不可观测变量选择时的无奈选择。基于另外其他不同的假设和条件，主要的方法有倍差法等。

倍差法开展的关键是允许处理组和控制组不可观测异质性的存在，但假设这种异质性不随时间和处理状态变化，即平行趋势（parallel trend）假设，进而可以通过比较处理组和控制组在干预实施前后变化的差异来估计干预的效果。

6

随机实验与人口健康研究

随机化是避免组间选择偏差的最好方法。本章主要对通过随机化分组开展的随机实验在人口健康研究中的基本设计思路及实际操作法进行介绍。

6.1 随机实验的设计思路

6.1.1 随机化

随机化（randomization）是指以随机分派的方式将研究对象分派到不同的组别。通过随机化形成的分组具有以下共同特征（杜本峰，2016）：

（1）组成一致：通过随机化形成的各组别，应在与干预和结果有关的特征上由同样的研究个体或单位组成。

（2）趋向一致：通过随机化形成的各组别，在均无干预的情况下，各组应具有一致的趋向性和可能性，即各组的选择效应是一致的。

（3）经历一致：通过随机化形成的各组别，在整个研究观测过程中，各组在与时间有关的一切过程（如成熟、长期趋势、干扰事件等）具有一致的经历。

因此，随机化可以让各组别的可观测变量和不可观测变量的初始期望值（总体均值）相等。

常用的随机化设计有：可通过抛硬币、掷骰子、转盘、抽签、随机数表等实现的简单随机法以及区组随机法和分层随机法（方向明等，2013）。

简单随机法又称完全随机法，是将符合入选标准的研究对象随机地分配到实验组或对照组（或 k 种不同处理的组别），或者将 k 种处理随机分配到所有研究对象。图 6-1 展示了一种通过随机数进行的完全随机分组过程。

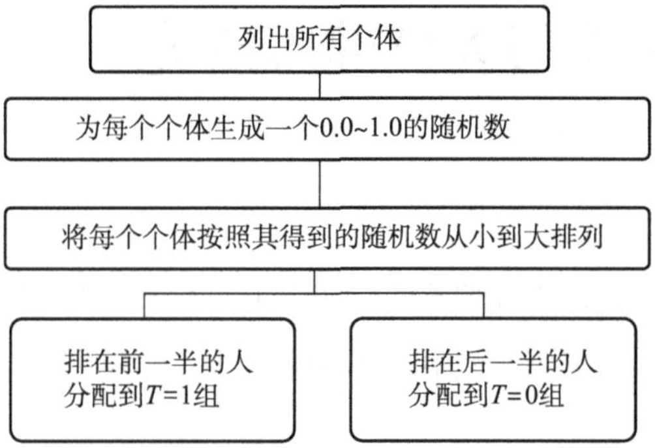

图 6-1 完全随机分组示例

虽然理论上通过随机化的分组总体均值应相等，但实验中观测到的样本均值不一定完全相等。正如在随机分牌的牌类游戏中，也会有的人拿到好牌，有的人拿到坏牌，但随着时间的推移、局数的增加，每个参与者拿到好牌的概率是相等的。但是，在实际研究中，可能成本约束或符合要求的样本过少，导致研究样本并不足够大，以致随机化也不能确保各个组别的特征一致。此时，区组随机设计有助于解决这一问题。

区组随机法首先将所有研究对象按照一定的特性分成若干同质的小组，即区组（blocks），其次对各个区组内应用完全随机设计进行分组。图 6-2展示了区组随机设计的基本思路。

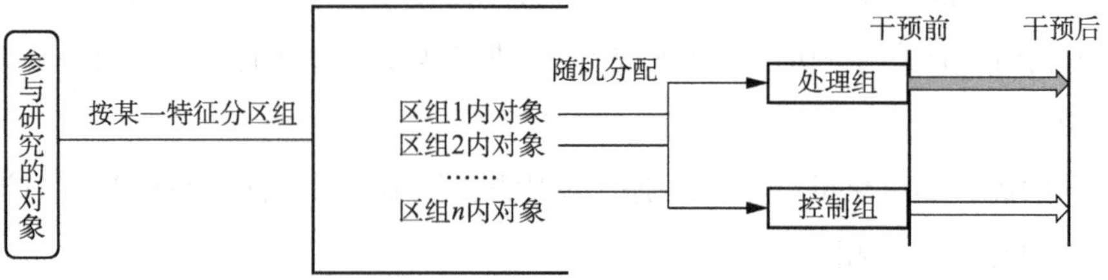

图 6-2 区组随机设计示意图

分层随机法是指直接按照区组进行分配，将在同一区组的所有研究个体分配到相同的干预组或控制组。图 6-3 展示了分层设计的基本思路。

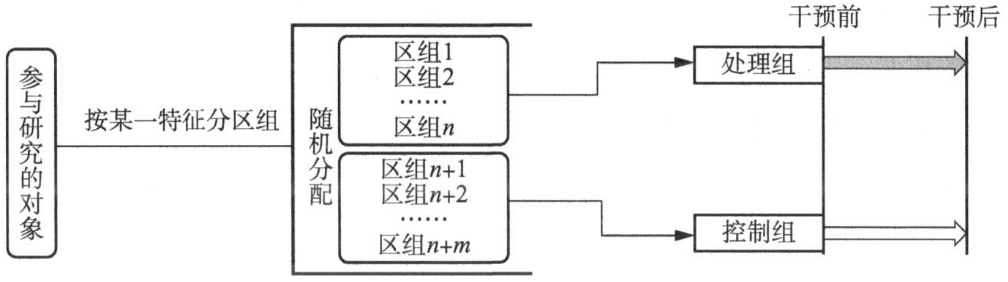

图 6-3　分层随机设计示意图

6.1.2　随机实验

当对随机分组其中的一组给予我们所关心的条件（或处理、干预）X，而对另外的组别不给予条件 X（或给予不同的条件）时，给予条件 X 的组便为实验组，其他组便为对照组，前瞻性地观察不同组别间的结果变量的变化，便形成随机实验。在医学临床研究中，此方法是对某一药物或治疗方式实验时效果评估的常用方法，也被称为随机对照实验（Randomized Control Trial，RCT）。图 6-4 展示了一般随机对照实验的设计思路。

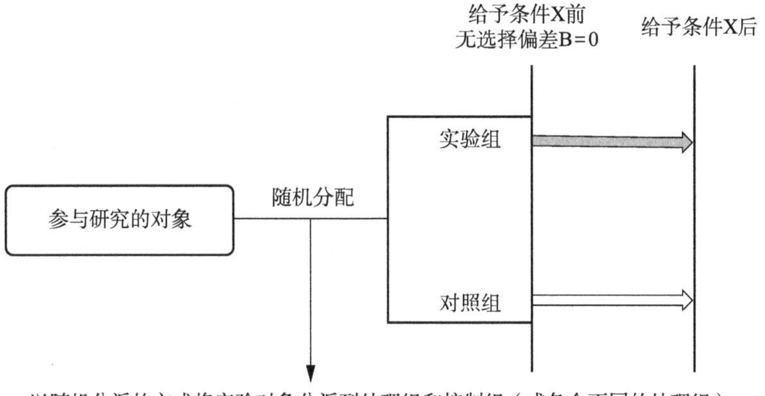

图 6-4　随机对照实验设计示意图

在大样本情况下，按照随机化的原则，各组别研究对象在条件 X 给予前将具有相似构成与特征，进而在研究观测期间，若外部环境相同，则外部因素对其影响也将是等同的，即使出现一些误差，也只可能是抽样误差，而不是系统误差，这就使得研究在随机选择的水平上具有了避免选择偏差的优势，从而使实验结果凸显出实验处理的效果。

而在完全随机化的前提下，因各组别研究对象在条件 X 给予前具有相似构成与特征，故无须对研究对象的各种属性进行比较和控制，也无须对各组别研究对象在条件 X 给予前的基线结果变量进行测量和比较，仅关注 X 给予后组别之间的差异，便可得出 X 的处理效应 Y_1-Y_2（见图 6-5）。

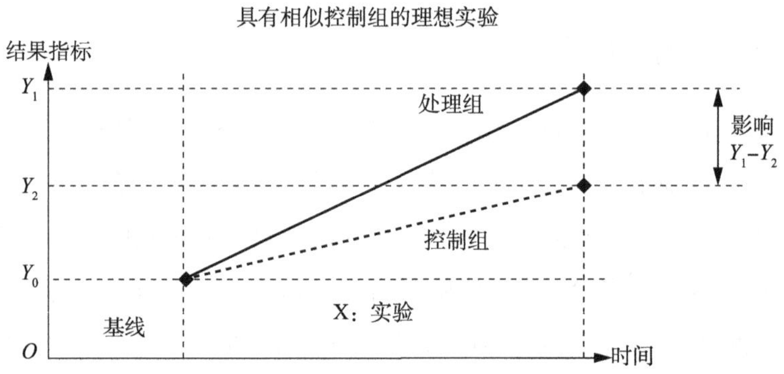

图 6-5　随机实验处理效应示意图

按照此前因果关系确定的主要先决条件，可以梳理得出随机实验可满足所有因果关系的逻辑条件：

对于“因必然与果有关”的关系条件，随机实验中极容易观测到因果共同变化的情况；

对于“因必然先于果”的时间先行条件，随机实验是先给予干预，后测量结果；

对于“理论上可解释”的理论基础条件，随机实验通常是在充分的理论基础上或对某一假说的验证；

对于“必须排除其他因素的干扰”的无替代解释条件，随机化可以排除其他因素的影响。

然而，随机实验在执行中也可能出现多种问题，给其内部有效性带来威胁，主要包括（陈强，2014）以下几个方面：

（1）未能完全随机，即在随机实验中，如果处理不是真正按照随机分配的，而是基于主体的部分特征和偏好所做出的，那么实验结果将同时反映出处理的效应和非随机分配的效应。例如，以学号来决定哪个个体进入某健康干预项目，是一个很好的随机分配吗？答案是否定的，因为很多学号与入学年份或生日有关，而生日（年份+月份）隐含年龄信息，后者又与某些健康风险有关。

（2）未遵循处理协议，是指在实际的实验中，研究对象可能并不总是按照研究者的要求去做，其是否接受处理可能出现自身选择因素。例如，在一项药物疗效研究中，要求实验组每日三次服药，但个别研究对象却私自减少用药，要求控制组不服药，但个别研究对象可能自行服药等，这样研究对象是否接受药物干预就会出现选择效应。

（3）损耗，即此前提到的实验退出。例如，在一项药物疗效研究中，参加药物治疗的人可能因为症状改善或迁移流动而退出治疗，造成选择性偏差。

（4）实验效应或霍桑效应，是指在以人为研究的实验中，会出现仅仅因为研究对象处于实验之中而使其行为受到影响的现象。同时，研究者的行为也可能会产生实验效应。例如，在药物疗效研究中，实验组可能因知道自己的治疗情况而自觉病情改善，研究人员可能因为知道研究对象的分组情况而增强治疗措施的疗效。在一些实验中，盲法可以减少实验效应。盲法又可分为单盲、双盲和三盲，分别指研究对象、研究者及资料收集与分析人员不了解组别分配的情况，从而减少偏倚。但在实践中往往无法真正做到盲法（尤其是双盲和三盲）。

（5）小样本，一般随机实验中，由于实验成本高，实验的样本容量较小。虽然小样本容量不会导致因果效应估计有偏，但可能会使得因果效应估计量不再精确。

而随机实验的外部效度则主要取决于实验的代表性和实验条件等，若代表性不足或采用了在大规模推广时无法保证的小型实验条件，则会影响随机实验的人群效度和环境效度。

在可能的情况下，如图 6-6 所示的两阶段随机化法可以同时有助于随机实验的外部效度和内部效度的提高。

图 6-6　两阶段随机化法示意图

6.2　随机实验数据的统计分析方法

虽然在完全随机化的前提下，仅关注实验后组别之间的差异，便可得出实验的处理效应，但需要注意的是，实验组与对照组之间观察到的差异也可能来自最初随机样本配置时的统计因素，因此我们必须使用一种合适的统计显著性检验，以判断实验组和对照组在某种程度上的差异是否由偶然所致。

在典型的人口健康随机实验中，自变量为实验处理的情况下，由于一般通过分组进行不同的干预，自变量多为分类变量（实验组 vs 对照组或不同处理的多个组别）；因变量则是实验的“产出”，如健康状态（包括身体、心理、社会功能）、死亡率、功效、护理能力、学习能力等，因变量可能为连续变量或分类变量。

根据自变量和因变量的类型，使用不同的统计检验方法，表 6-1 对此进行了总结。

表 6-1 随机实验的常用统计方法

<table>
<tr><th colspan="2" rowspan="3">统计检验</th><th colspan="3">因变量</th></tr>
<tr><th colspan="2">连续变量</th><th rowspan="2">分类变量</th></tr>
<tr><th>正态分布</th><th>偏态分布</th></tr>
<tr><td rowspan="2">自变量</td><td>二分类</td><td>t 检验（方差齐性）
t′检验（方差不齐）</td><td>Wilcoxon 秩和检验或中位数检验</td><td>四格表卡方检验、Fisher 精确检验等</td></tr>
<tr><td>多分类</td><td>方差分析</td><td>Kruskal-Wallis（K-W）检验或中位数检验</td><td>R×C 表卡方检验（无序）、CMH 卡方检验（定序）</td></tr>
</table>

当因变量为连续变量时，需先判断连续变量的分布情况：若因变量为正态分布的连续变量，在自变量为二分类时，采用 t 检验（方差齐性）或 t'检验（方差不齐）；在自变量为多分类时，采用方差分析。若因变量为偏态分布的连续变量，在自变量为二分类时，采用 Wilcoxon 秩和检验或中位数检验；在自变量为多分类时，采用 Kruskal-Wallis（K-W）检验或中位数检验。

当因变量为分类变量时，依据自变量的特征进一步细分选择合适的统计检验：若自变量为二分类，采用四格表卡方检验、Fisher 精确检验等；若自变量为多分类，采用 R×C 表卡方检验（无序）或 CMH 卡方检验（定序）。

其中，卡方检验对检验形成的格表中的理论频数有要求。

四格表卡方检验时，若所有的理论数 $T \geqslant 5$，且总样本量 $n \geqslant 40$，则可使用 Pearson 卡方进行检验；若有理论数 $T<5$ 但 $T \geqslant 1$，且 $n \geqslant 40$，则可使用连续性校正的卡方进行检验；若有理论数 $T<1$，或 $n<40$，则可使用 Fisher's 精确检验。

R×C 表卡方检验（无序）则要求，表中理论数小于 5 的格子不能超过 1/5，且不能有小于 1 的理论数。

6.3 研究案例与 Stata 操作

由于无法在真正实施一项随机实验后再对此进行数据分析展示，在此，笔者以 CGSS 数据为基础，假设某一干预是对样本随机分组后施加的，以展示随机实验的分析过程。

6.3.1 体育锻炼对体重的影响

首先，在数据存储路径下打开数据库 ch6_ 1. dta。该数据库包含了 814 个 18~24 岁的中国青年样本。

假设这是一个经过如下随机实验设计后收集的样本：

(1) 将 814 名 18~24 岁的中国青年随机分成两组；

(2) 其中一组每周在通常情况下进行时间达到 30 分钟且会让身体出汗的体育锻炼活动至少 1 次（实验组），另一组不进行此种体育锻炼（对照组）；

(3) 12 个月后测量样本的体重、BMI 和肥胖情况。

查看数据库中的变量名称、标签等信息，ch6_ 1 数据库各变量的名称和标签如表 6-2 所示。

表 6-2 ch6_ 1 数据库中变量名称和标签

变量名	变量标签
id	个体编号
*exc*1	是否每周体育锻炼
wgt	目前的体重（斤）
bmi	BMI（体重公斤数除以身高米的平方）
obesity	是否肥胖（bmi≥25 计为肥胖）

下面，笔者以目前的体重为因变量，检验体育锻炼对体重的影响。

首先，通过 Shapiro-Wilk W Test 检验因变量体重的分布情况，运行如下程序：

程序命令

```
• swilk wgt
```

结果如图 6-7 所示，该检验原假设为分布符合正态分布，而结果 $P<0.05$，表示拒绝原假设，即因变量非正态分布。

Shapiro-Wilk W test for normal data

Variable	Obs	W	V	z	Prob>z
wgt	814	0.26701	383.338	14.607	0.00000

图 6-7 正态分布检验结果

因此，基于数据特征，应开展因变量为偏态分布，自变量为二分类变量的分析。首先，笔者运行如下程序，考察锻炼组（实验组）与未锻炼组（对照组）研究对象体重的中位数与四分位间距。

程序命令
• table exc1,contents(median wgt iqr wgt)

结果如图 6-8 所示，锻炼组体重中位数（med）115，四分位间距（iqr）为 30；未锻炼组体重中位数 110，四分位间距也为 30。

是否每周体育锻炼	med(wgt)	iqr(wgt)
否	110	30
是	115	30

图 6-8 中位数与四分位间距结果

仅从结果绝对值来看，似乎锻炼组的体重中位数更大，但需要进行中位数检验才能确定这种差异是否具有统计学意义。因此，笔者开展中位数检验，运行如下程序：

程序命令
• median wgt,by(exc1)

结果如图 6-9 所示，表格中给出的是实验组与对照组在中位数之上和之下的样本数，统计检验 $P>0.05$，说明不拒绝原假设，实验组与对照组在数量绝对值上的差异不具有统计学意义。

Median test

Greater than the median	是否每周体育锻炼 否	是	Total
no	140	270	410
yes	120	284	404
Total	260	554	814

Pearson chi2(1) = 1.8481 Pr = 0.174

Continuity corrected:
Pearson chi2(1) = 1.6494 Pr = 0.199

图 6-9 中位数检验结果

以上分析表明，锻炼对体重的影响不具有统计学意义。

为了展示目的，笔者在此假设刚才使用的因变量体重符合正态分布，则需要进一步开展方差齐次性检验，运行如下程序：

程序命令
• sdtest wgt,by(exc1)

结果如图 6-10 所示，显示拒绝方差齐的原假设。

Variance ratio test

Group	Obs	Mean	Std. Err.	Std. Dev.	[95% Conf.	Interval]
否	260	129.8231	6.93314	111.7935	116.1706	143.4756
是	554	121.2509	2.463451	57.98276	116.412	126.0898
combined	814	123.9889	2.778532	79.27343	118.535	129.4429

ratio = sd(否) / sd(是) f = 3.7174
Ho: ratio = 1 degrees of freedom = 259, 553

Ha: ratio < 1 Pr(F < f) = 1.0000
Ha: ratio != 1 2*Pr(F > f) = 0.0000
Ha: ratio > 1 Pr(F > f) = 0.0000

图 6-10 方差齐次性检验结果

因此，基于数据特征，应开展因变量为正态分布，自变量为二分类变量的 t 检验（方差不齐），运行如下程序：

程序命令

- ttest wgt,by(excl)une

结果如图 6-11 所示。

Two-sample t test with unequal variances

Group	Obs	Mean	Std. Err.	Std. Dev.	[95% Conf.	Interval]
否	260	129.8231	6.93314	111.7935	116.1706	143.4756
是	554	121.2509	2.463451	57.98276	116.412	126.0898
combined	814	123.9889	2.778532	79.27343	118.535	129.4429
diff		8.572174	7.357786		-5.902545	23.04689

```
    diff = mean(否) - mean(是)                                   t =   1.1650
Ho: diff = 0                     Satterthwaite's degrees of freedom =  326.091

    Ha: diff < 0                 Ha: diff != 0                 Ha: diff > 0
 Pr(T < t) = 0.8776         Pr(|T| > |t|) = 0.2449          Pr(T > t) = 0.1224
```

图 6-11　*t* 检验（方差不齐）结果

结果表明，锻炼组的平均体重为 121.25 ，未锻炼组的平均体重为 129.82，两组之间的差异为 8.57，然而这种差异不具有统计学意义（$P=0.2449$）。

6.3.2　体育锻炼对肥胖的影响

接下来，笔者以目前是否肥胖为因变量，采用四格表卡方检验来分析体育锻炼对肥胖的影响，运行如下程序：

程序命令

- tab2 excl obesity,row chi

结果如图 6-12 所示，锻炼组肥胖的比例为 9.57%，未锻炼组肥胖的比例为 15.38%，卡方检验 $P=0.015$，说明锻炼组肥胖的比例显著低于未锻炼组。

是否每周体育锻炼	是否肥胖（bmi≥25计为肥胖）未肥胖	肥胖	Total
否	220 84.62	40 15.38	260 100.00
是	501 90.43	53 9.57	554 100.00
Total	721 88.57	93 11.43	814 100.00

Pearson chi2(1) = 5.9185 Pr = 0.015

图 6-12　四格表卡方检验结果

此外，随机实验也可以分多组进行。下面，笔者在数据存储路径下打开数据库 ch6_ 2. dta。

笔者假设这是一个经过如下随机实验设计后收集的样本：

（1）将 814 名 18~24 岁的中国青年随机分成 4 组；

（2）其中一组每周在通常情况下进行时间达到 30 分钟且会让身体出汗的体育锻炼活动 1 次（实验组 1），一组每周进行此类体育锻炼 2 次（实验组 2），一组每周进行此类体育锻炼至少 3 次（实验组 3），最后一组不进行此种体育锻炼（对照组）；

（3）12 个月后测量样本的体重、BMI 和肥胖情况。

查看数据库中的变量名称、标签等信息，ch6_ 2 数据库各变量的名称和标签如表 6-3 所示。

表 6-3　ch6_ 2 数据库中变量名称和标签

变量名	变量标签
id	个体编号
exc2	每周体育锻炼次数（四分类）
wgt	目前的体重（斤）
bmi	BMI（体重公斤数除以身高米的平方）
obesity	是否肥胖（bmi≥25 计为肥胖）

下面，笔者仍以是否肥胖为因变量，采用4×2表卡方检验来检验不同体育锻炼强度对肥胖的影响。运行如下程序：

程序命令
• tab2 exc2 obesity,row chi

得到结果如图6-13所示，相比不进行体育锻炼，每周锻炼1次、2次和大于等于3次者的肥胖比例均有所降低，其中锻炼1次和锻炼2次的效果最佳，锻炼3次及以上后肥胖比例下降的幅度有所减少，卡方检验显示这种差异具有统计学意义。

每周体育锻炼次数（四分类）	是否肥胖（bmi≥25计为肥胖）未肥胖	肥胖	Total
0次	220 84.62	40 15.38	260 100.00
1次	84 93.33	6 6.67	90 100.00
2次	113 93.39	8 6.61	121 100.00
≥3次	304 88.63	39 11.37	343 100.00
Total	721 88.57	93 11.43	814 100.00

Pearson chi2(3) = 8.8131 Pr = 0.032

图6-13 4×2表卡方检验结果

7 倾向值分析与健康研究

假设个体依可观测变量选择是否接受处理，即虽然处理组与对照组在处理之前存在初始差异，但导致这种差异的先行因素已知并可测量，便可通过某种方式使处理组与对照组实现对等，即数据平衡。采用匹配、回归、分层等传统方法都是为了实现数据平衡。本章主要对当前在人口健康研究中较为常用的倾向值分析方法的基本设计思路及实际操作法进行介绍。

7.1 倾向值分析的设计思路

7.1.1 匹配

其中，匹配（matching）是指先确定处理组，然后通过一些特征的匹配来决定哪些对象可以和处理组相配对从而建立对照组，以最大限度地得到一个各观测特征均与处理组无限接近的对照组或反事实的方法。匹配的关键在于用以匹配变量的识别和获取，而实践中往往无法穷尽这些变量，只能退而求其次，选择部分重要变量来进行匹配，而对其他变量进行统计控制（杜本峰，2016）。

匹配的一般过程如下：假设个体 i 属于处理组，然后从对照组中找到个体 j，使 j 与 i 的可测变量取值尽可能相似，即 $x_i \approx x_j$（如果能够将所有特征全部找到，则可实现精确匹配，即 $x_i = x_j$）。此时，便可将个体 j 在所关注的结果变量上的取值 y_j 作为个体 i 未处理时的取值 y_{0i} 的估计量，即认为个体 i 处理效应为 $y_i - y_j$。那么，对每个个体的处理效应进行平均便得到整体处理效应的“匹配估计量”（matching estimators）（陈强，2014）。

然而在对照组中，可能有多个个体与处理组的 i 特征相似，此时便面临对匹配比的选择，常见的包括一对一匹配和一对多匹配。

一对一匹配又以是否允许将匹配成功的个体放回继续参加匹配分为“无放回”和“有放回”两种情况，以及是否允许并列两种情况。

无放回是指每次都将匹配成功的个体（i，j）从待匹配样本中去掉，不再参与匹配；

有放回是指依然将匹配成功的个体留在待匹配样本中，参与其余匹配，这样即使在一对一匹配中，一位个体也可能与多位不同组个体进行匹配。

如对照组个体 j 与 k 的可测变量都与处理组个体 i 一样接近，那么允许并列是指将 y_j 与 y_k 的平均作为 y_{0i} 的估计量，即 $\widehat{y_{0i}} = (y_j + y_k)/2$；

不允许并列则需要先随机排序再进行匹配，根据数据排序选择个体 j 或 k，匹配结果可能与数据排序有关。

显而易见，一对一匹配可能丢失与某一个被处理的个体匹配的多重匹配者上的变异。然而，一对多匹配虽可最大化利用信息，但可能无法为每一个被处理的个体都找到相同多个相配者。一般情况下，一对四匹配可最小化均方误差（MSE）（郭申阳等，2012）。

7.1.2 倾向值匹配

一般来讲，x_i 可能包括多个特征，那么匹配维度（dimensionality）将会剧增，使得我们很难找到在多个特征上均与 x_i 相近的 x_j 来与之进行匹配。此时，使用某函数 $f(x_i)$，可将多维向量 x_i 的信息压缩到一维，然后根据 $f(x_i)$ 来进行匹配。若通过协变量的某个距离函数进行匹配，则统称为“协变量匹配”。Rosenbaum 和 Rubin（1983）提出并定义了倾向值，也叫倾向得分（Propensity Score，P-score），以度量距离（Becker S O et al.，

2002)。而使用倾向值作为距离函数来进行匹配的方法，便被称为“倾向值匹配”(Propensity Score Matching，PSM)(陈强，2014)。

具体而言，对于个体 i，其倾向值被定义为，在给定个体特征 x_i 的情况下，个体 i 进入处理组的条件概率，即 $p(x_i)\equiv P(T_i=1 \mid x=x_i)$，或简记 $p(x)$。可见，$p(x)$ 是一个介于［0，1］之间的一维变量。对于不同处理状态的两组中的个体 i 和 j，即使 x_i 与 x_j 距离很远，也可能使 $p(x_i)$ 约等于 $p(x_j)$，从而匹配成功。

倾向值匹配使用的两个关键的前提假设包括条件独立性假设（conditionalIndependence assumption）和重叠假定（overlap assumption）。

条件独立性假设是指在给定个体特征 x_i 的条件下，处理（treat）“就像被随机分配的那样好”，即给定一系列可观测的、不受干预处理影响的协变量，处理分配的选择性偏误消失，潜在结果 Y 独立于处理分配。

重叠假定是指为了能够进行匹配，需要在 x 的每个可能取值上都同时存在处理组与对照组的个体。重叠假定如果成立，即可以保证处理组的观测在倾向值分布“附近”也有对照组的观测，即处理组与对照组的倾向值取值范围有着共同支持域（common support）。图 7-1 为共同支持域示意图，其中第一对处理组与对照组具有良好的共同支持域，而第二对处理组与对照组共同支持域较弱。

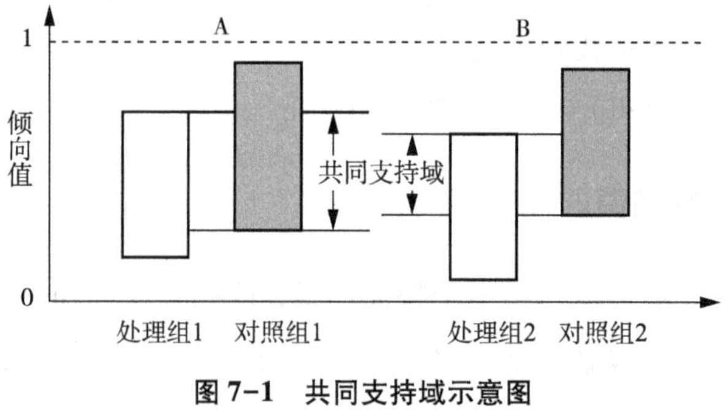

图 7-1　共同支持域示意图

表 7-1 为一个简单的例子。如要开展一项体育锻炼对 BMI 影响的研究，样本 2 则要好于样本 1，因为其更容易满足重叠假定。

表 7-1 两组是否体育锻炼样本的 BMI 情况

BMI	体育锻炼（处理组）	未体育锻炼（对照组）
样本 1	20. 1~25. 3	18. 4~24. 5
样本 2	20. 1~25. 3	19. 3~27. 3

7.2 倾向值分析的统计分析方法

7.2.1 倾向值匹配

在常见的人口健康研究中，倾向值匹配的一般步骤包括：①数据集准备；②变量选择；③估计倾向值；④选择匹配算法；⑤进行匹配；⑥数据平衡性检验；⑦估计处理效应；⑧敏感性分析。在实际研究中，从估计倾向值到估计处理效应的系列过程常常可以在统计软件中直接完成，但了解其中的基本统计原理还是非常必要的。

（1）数据集准备

在数据集准备方面，除了如一般研究中对数据的内容和类型与研究主题的适应性进行核查，以及对数据的完整性、逻辑性等数据质量进行核查，还需格外注意数据样本量的大小，因为更好的匹配往往需要较大样本量的支持。

（2）变量选择

在变量选择方面，关键在于找到最佳的用以匹配的条件变量，这也是倾向值匹配能否真正有效地估计处理效应的重要一环。在变量选择时，研究者首先应明确这些变量是可能导致处理组与对照组在处理前存在数据不平衡的因素，因此应紧密围绕研究目的，结合在既往研究中前人发现的影响相关处理分配的因素，同时也需考虑在具体的倾向值匹配过程中反映出的其他变量选择要求。

（3）估计倾向值

在选择合适的匹配变量后，可以把这些匹配变量视为自变量，以原处理效应估计中的自变量——处理变量为因变量，并根据数据结构类型来构建模型。通过选定的模型，即可计算出每一个观测对象的倾向值，即其被分配到处理组或对照组的概率。常见的估计倾向值的模型有 Logistic 回归、Probit 回归等，其中对于两个分组的情况，二元 Logistic 回归模型最为常用，对于多元的处理组，则可使用多项 Probit 模型（Caliendo M et al.，2008）。

以 Logistic 回归模型为例，若每个观测对象的倾向值为 p，$X_1, X_2, \cdots, X_n$ 为用以匹配的变量，$\beta_1, \beta_2, \cdots, \beta_n$ 为回归系数，α 为常数项，则模型可表达为

$$\log\left[\frac{1-p}{p}\right]=\beta_1 X_1+\beta_2 X_2+\cdots+\beta_n X_n+\alpha \tag{7-1}$$

倾向值 p 便可求出：

$$p=\frac{\exp(\beta_1 X_1+\beta_2 X_2+\cdots+\beta_n X_n+\alpha)}{1+\exp(\beta_1 X_1+\beta_2 X_2+\cdots+\beta_n X_n+\alpha)} \tag{7-2}$$

（4）选择匹配算法

该阶段任务为利用某种算法计算倾向值之间的距离，并判断是否距离“近似”，从而进行匹配。一般来说，常用的算法分为两大类，即近邻匹配法和整体匹配法。

近邻匹配也叫贪婪匹配，即每个个体的匹配结果为规定范围内最近的部分个体，然后进行简单算术平均。一般有以下几种具体方法：K 近邻匹配（K-nearest neighbor matching）、卡尺匹配（caliper matching）或半径匹配（radius matching）、卡尺内最近邻匹配（nearest-neighbor matching within caliper）。K 近邻匹配即寻找倾向得分最近的 K 个不同组个体。若 $K=1$，则为“一对一匹配”（one-to-one matching）。值得注意的是，即使最近邻也可能相去甚远。卡尺匹配或半径匹配需要事先设定卡尺 ε，找到所有设定卡尺范围内的单位圆中的控制样本，即限制倾向得分的绝对距离 $|p_i-p_j|\leq\varepsilon$。卡尺 ε 的取值为正，随着卡尺的降低，匹配的要求也越来越严，一般建议 $\varepsilon\leq 1/4$ 个倾向得分的样本标准差。卡尺内最近邻匹配则是在给定的卡尺 ε 范围寻找最近匹配。这种方法在实际研究中较为常用。

整体匹配则是指将另一组处于共同取值范围内的全部个体 j 均匹配给待匹配的个体 i，但会对每个 j 依据其与 i 的距离由近到远给予由大到小不同的权重，距离超出规定的范围后则权重为 0。根据权重计算方式的不同，常见的整体匹配法有如以核函数来估计权重 $w(i, j)$ 的核匹配（kernel matching）、以局部线性回归来估计权重的局部线性回归匹配（local linear regression matching）以及使用考虑了更多高次项、更为光滑的三次样条（cubic spline）来估计权重的样条匹配（spline matching）。

（5）进行匹配

该阶段的主要任务是运用选定的匹配算法，将处理组和控制组的观测对象进行组间匹配，保留具有共同支持域的倾向值的观测对象，使得处理组与对照组的对象在倾向值上尽量相似，得出匹配数据集。这一过程类似一种再抽样。同时，显而易见的是，由于仅保留具有共同支持区域的倾向值的个体，匹配通常会导致样本的损失。

（6）数据平衡检验

数据平衡（data balancing）是匹配的初始目标，因此在匹配后对此进行评估是十分必要的，这也是了解在具体研究中使用的倾向值匹配是否对处理组与对照组之间的选择性偏倚进行较好的控制的途径。当然，前提是所选择的匹配变量足够好，否则也只是在可观测的变量范围内做到了数据平衡。

具体分析时，数据平衡一般以处理组与对照组之间的差异是否超过10%来衡量。而差异则以标准化偏差（standardized bias）计算，公式如下：

$$\frac{|\overline{X}_t-\overline{X}_c|}{\sqrt{(S_{X,t}^2+S_{X,c}^2)/2}} \tag{7-3}$$

其中，$\overline{X}_t$ 和 $\overline{X}_c$ 为处理组和对照组用以匹配的特征变量 X 的样本均值，$S_{X,t}^2$ 和 $S_{X,c}^2$ 分别为处理组与控制组变量 X 的样本方差。

（7）估计处理效应

在通过数据平衡检验后，即可将匹配数据集看作在匹配变量的水平上近似随机分配的处理组与控制组，可以进一步选择恰当的统计学方法估计处理效应。

（8）敏感性分析

通过前述流程可以发现，倾向值匹配过程中有很多不确定因素，如匹配变量选择的不同、倾向值估计模型选择的不同、匹配方式和算法选用的不同，这些都有可能造成最后纳入分析的样本数量及个体的不同，进而导致最终的处理效应估计的差异。因此，并没有绝对适用于所有研究的匹配方法，需要依据实际数据情况和研究目的进行选择。例如，当对照组的观测样本较小时，应开展有放回的匹配，如果对照组的样本较多，则可以考虑一对多匹配或者整体匹配。同时，在研究中通常需要通过调整匹配变量、匹配算法等进行敏感性分析。而因为匹配通常会损失一定的样本，这也可能造成一定的偏倚，如果损失的样本过多，则可能导致剩下的样本代表性不足。因此，在选择和比较匹配方法时，也需要衡量匹配前后数据集的完整度，以实现高质量的匹配。

7.2.2 倾向值加权

在倾向值估计以后，除了通过匹配算法进行匹配，还可以将倾向值作为权重对各观测个体进行加权，以产生一个虚拟的标准人群，在该样本中处理组和对照组的用以计算倾向值的特征趋于一致，此后再进行原计划的统计分析。具体的加权方法常见的有逆处理概率加权法（Inverse Probability of Treatment Weighting，IPTW）和标准化死亡比加权法（Standardized Mortality Ratio Weighting，SMRW）（李智文等，2010）。

逆处理概率加权法是以所有观测对象为标准人群进行调整，以 p_i 为每个观测对象的倾向值，P_t 为整个人群中接受处理的比例。则处理组个体的权重 $W_t=P_t/p_i$，对照组个体的权重 $W_c=(1-P_t)/(1-p_i)$。

标准化死亡比加权法是将处理组观测对象作为标准人群进行调整，则处理组个体的权重 $W_t=1$，对照组个体的权重 $W_c=[p_i(1-P_t)]/[(1-p_i)P_t]$。

7.3 研究案例与 Stata 操作

在此，根据中国综合社会调查 2017 年数据，笔者提取了一个小型数据库，应用 Stata16.0 软件，对倾向值分析方法加以演示。

7.3.1 体育锻炼对 BMI 的影响

首先，在数据存储路径下打开数据库 ch7.dta。该数据库包含了 814 个 18~24 岁的中国青年样本。查看数据库中的变量名称、标签等信息，ch7 数据库各变量的名称和标签如表 7-2 所示。

表 7-2 ch7 数据库中变量名称和标签

变量名	变量标签
id	个体编号
sex	性别
age	年龄（岁）
han	民族
rlg	宗教信仰
rsd	城乡居住地
*edc*1	受教育程度
hgt	目前的身高（厘米）
wgt	目前的体重（斤）
hlt	自我感觉目前的身体健康状况
exc	在过去的 12 个月里在通常情况下进行时间达到 30 分钟且会让身体出汗的体育锻炼活动（次/周）
*exc*1	是否每周体育锻炼
bmi	BMI（体重公斤数除以身高米的平方）
obesity	是否肥胖（bmi≥25 计为肥胖）

下面，笔者根据此数据库，运用倾向值匹配方法开展一项中国青年体育锻炼对 BMI 的影响研究。

7.3.1.1 二元线性回归

首先，以 BMI 为因变量，以是否体育锻炼为自变量，不加任何控制变量，进行线性回归获得一个基础结果，运行如下程序：

程序命令
• reg bmi i.exc1,allbase

结果如图 7-2 所示，相较于未进行体育锻炼者，体育锻炼平均减少青年人口 1.65 个单位的 BMI 值，该结果在 10%的水平上显著，但可能存在选择偏差，且 R-squared 很低。

Source	SS	df	MS			
				Number of obs	=	814
				F(1, 812)	=	3.81
Model	480.774904	1	480.774904	Prob > F	=	0.0513
Residual	102486.367	812	126.214737	R-squared	=	0.0047
				Adj R-squared	=	0.0034
Total	102967.142	813	126.650851	Root MSE	=	11.235

bmi	Coef.	Std. Err.	t	P>|t|	[95% Conf.	Interval]
exc1						
否	0	(base)				
是	-1.64832	.8445506	-1.95	0.051	-3.30608	.0094397
_cons	22.69684	.6967362	32.58	0.000	21.32923	24.06446

图 7-2 体育锻炼与青年 BMI：二元线性回归结果

7.3.1.2 多元线性回归

此后，加入可能的混杂因素，进行多元线性回归，运行如下程序：

程序命令
• reg bmi i.exc1 age i.sex i.han i.rlg i.rsd i.edc1 i.hlt,allbase

结果如图 7-3 所示，相较于未进行体育锻炼者，体育锻炼平均减少青年人口 1.85 个单位的 BMI 值，相较于此前的简单回归平均处理效应有所增加，且该结果在 5%的水平上显著，R-squared 有所上升。

Source	SS	df	MS			
				Number of obs	=	814
				F(13, 800)	=	0.96
Model	1574.28245	13	121.09865	Prob > F	=	0.4943
Residual	101392.859	800	126.741074	R-squared	=	0.0153
				Adj R-squared	=	-0.0007
Total	102967.142	813	126.650851	Root MSE	=	11.258

bmi	Coef.	Std. Err.	t	P>|t|	[95% Conf.	Interval]
exc1						
否	0	(base)				
是	-1.847631	.8792046	-2.10	0.036	-3.573451	-.1218105
age	-.020895	.2057326	-0.10	0.919	-.4247346	.3829445
sex						
男	0	(base)				
女	-1.608424	.8032635	-2.00	0.046	-3.185177	-.0316712
han						
汉族	0	(base)				
少数民族	-2.139419	1.407899	-1.52	0.129	-4.903031	.6241924
rlg						
未选择	0	(base)				
是	-.3198845	1.619305	-0.20	0.843	-3.498472	2.858703
rsd						
城	0	(base)				
乡	.2937833	1.007433	0.29	0.771	-1.68374	2.271307
edc1						
小学以下	0	(base)				
小学	-.2248615	5.56788	-0.04	0.968	-11.15424	10.70452
初中	1.476633	3.78164	0.39	0.696	-5.946475	8.899742
高中及以上	1.613108	3.662333	0.44	0.660	-5.575809	8.802026
hlt						
很不健康	0	(base)				
比较不健康	-4.809511	6.620329	-0.73	0.468	-17.80478	8.185756
一般	-3.730785	5.918157	-0.63	0.529	-15.34773	7.886164
比较健康	-4.945156	5.848238	-0.85	0.398	-16.42486	6.534548
很健康	-4.9445	5.853231	-0.84	0.399	-16.434	6.545005
_cons	27.75002	8.050894	3.45	0.001	11.94665	43.55339

图 7-3　体育锻炼与青年 BMI：多元线性回归结果

下面，利用 Stata 软件中集赋值与匹配于一体的非官方命令 psmatch2[①] 进行倾向值匹配分析。该命令的一般格式及各组成部分的含义如图 7-4 所示。

① 如未安装，需先以 ssc install psmatch2，replace 命令安装。

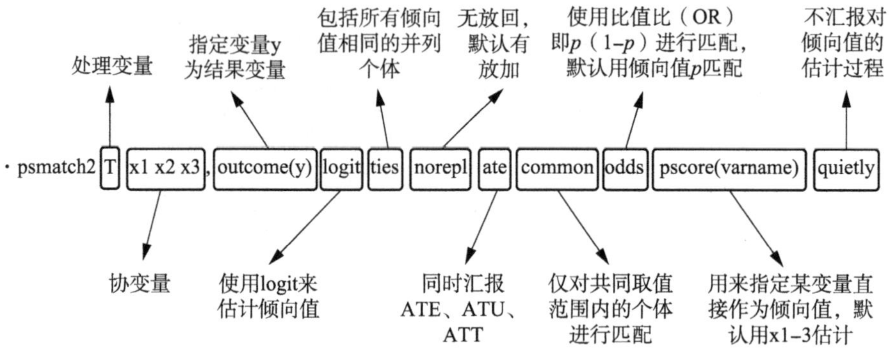

图 7-4　psmatch2 命令介绍

7.3.1.3　一对一匹配

下面利用该命令，基于研究目的，以年龄、性别、民族、宗教信仰、城乡居住地、受教育程度、健康状况为匹配变量，进行一对一匹配（有放回且允许并列）。运行如下程序：

程序命令

```
/* 1. 将数据随机排序* /
• set seed 8888
• gen ranorder=runiform()
• sort ranorder
/* 2. 进行一对一匹配(有放回且允许并列)* /
• psmatch2 exc1 age sex han rlg rsd edc1 hlt,outcome(bmi)n(1)ate
  ties logit common
```

运行后，查看数据，笔者发现其自动生成了_ pscore 变量。

运行结果如图 7-5 所示，其中第一个表为匹配变量对处理变量的回归结果。

第二个表的第一行为未匹配时体育锻炼对 BMI 的处理效应，结果与最初的简单回归相同。第二行是匹配后的处理效应，表示体育锻炼平均减少青年人口 1. 33 个单位的 BMI 值，相较于此前的结果值有所减少，但 t 值的绝对值 0. 84<1. 96，在 5%的水平上不显著。

第三个表显示了处理组与对照组观测对象共同支持域的情况，显示处理组里有 3 个样本不在共同支持域内，未被纳入分析。

```
Logistic regression                               Number of obs     =        814
                                                  LR chi2(7)        =      41.30
                                                  Prob > chi2       =     0.0000
Log likelihood = -489.25706                       Pseudo R2         =     0.0405

------------------------------------------------------------------------------
        exc1 |      Coef.   Std. Err.      z    P>|z|     [95% Conf. Interval]
-------------+----------------------------------------------------------------
         age |   -.021767     .04021    -0.54   0.588    -.1005772    .0570433
         sex |  -.3222211   .1559762    -2.07   0.039    -.6279289   -.0165134
         han |  -.1089041   .2673445    -0.41   0.684    -.6328897    .4150815
         rlg |  -.3499331   .3219907    -1.09   0.277    -.9810234    .2811571
         rsd |  -.4519156   .1857797    -2.43   0.015    -.8160371   -.0877941
        edc1 |   .6825725   .1600741     4.26   0.000      .368833    .9963119
         hlt |   .1158885   .0981647     1.18   0.238    -.0765108    .3082877
       _cons |  -.3526824   1.293585    -0.27   0.785    -2.888063    2.182698
------------------------------------------------------------------------------

----------------------------------------------------------------------------------------
        Variable     Sample |    Treated     Controls   Difference         S.E.   T-stat
----------------------------+-----------------------------------------------------------
             bmi  Unmatched | 21.0485241   22.6968442  -1.64832005   .84455061    -1.95
                        ATT | 21.0492415   22.3764842   -1.3272427  1.58085729    -0.84
                        ATU | 22.6968442   21.4019618  -1.29488232           .        .
                        ATE |                           -1.31686822           .        .
----------------------------+-----------------------------------------------------------
Note: S.E. does not take into account that the propensity score is estimated.

 psmatch2: |   psmatch2: Common
 Treatment |        support
assignment | Off suppo  On suppor |     Total
-----------+----------------------+----------
 Untreated |         0        260 |       260
   Treated |         3        551 |       554
-----------+----------------------+----------
     Total |         3        811 |       814
```

图 7-5　体育锻炼与青年 BMI：倾向值匹配结果（一对一匹配）

紧跟 psmatch2 之后，运行如下命令，即可检验匹配后的数据平衡与共同支持域情况。

程序命令

```
• pstest age sex han rlg rsd edc1 hlt,both graph
• psgraph
```

结果如图 7-6～图 7-8 所示。图 7-6 表明，匹配后虽有变量的标准化偏差（%bias）绝对值均小于 10%；除宗教信仰外，%bias 都大幅减少；各变量 $P>0.05$，不拒绝处理组与控制组无系统差异的假设。图 7-7 通过点图显示了匹配前后每个匹配变量的标准化偏差，可以看出匹配后%bias 向 0 值中轴更为聚集。图 7-8 为处理组和对照组倾向值的直方图，其中未在共同支持域内的值被单独展示了出来。

Variable	Unmatched Matched	Mean Treated	Mean Control	%bias	%reduct |bias|	t-test t	t-test p>|t|	V(T)/V(C)
age	U	21.206	21.346	-7.2		-0.96	0.337	0.99
	M	21.212	21.192	1.0	85.8	0.17	0.865	0.98
sex	U	1.491	1.5769	-17.3		-2.29	0.022	1.02
	M	1.4936	1.5172	-4.7	72.5	-0.78	0.434	1.00
han	U	1.0903	1.1115	-7.1		-0.96	0.339	0.83*
	M	1.0907	1.0726	6.0	14.7	1.10	0.272	1.23*
rlg	U	.92599	.93462	-3.4		-0.45	0.656	.
	M	.92922	.94374	-5.7	-68.4	-0.99	0.324	.
rsd	U	1.1859	1.3	-26.8		-3.68	0.000	0.72*
	M	1.1851	1.1851	0.0	100.0	-0.00	1.000	1.00
edc1	U	3.861	3.6577	38.6		5.47	0.000	0.52*
	M	3.8657	3.8693	-0.7	98.2	-0.15	0.883	1.08
hlt	U	4.2978	4.2	12.5		1.66	0.097	1.02
	M	4.3013	4.3739	-9.3	25.8	-1.64	0.102	1.25*

* if variance ratio outside [0.85; 1.18] for U and [0.85; 1.18] for M

Sample	Ps R2	LR chi2	p>chi2	MeanBias	MedBias	B	R	%Var
Unmatched	0.041	41.34	0.000	16.1	12.5	47.9*	0.59	50
Matched	0.003	5.16	0.640	3.9	4.7	13.7	1.29	33

* if B>25%, R outside [0.5; 2]

图 7-6　体育锻炼与青年 BMI：倾向值匹配后数据平衡性检验

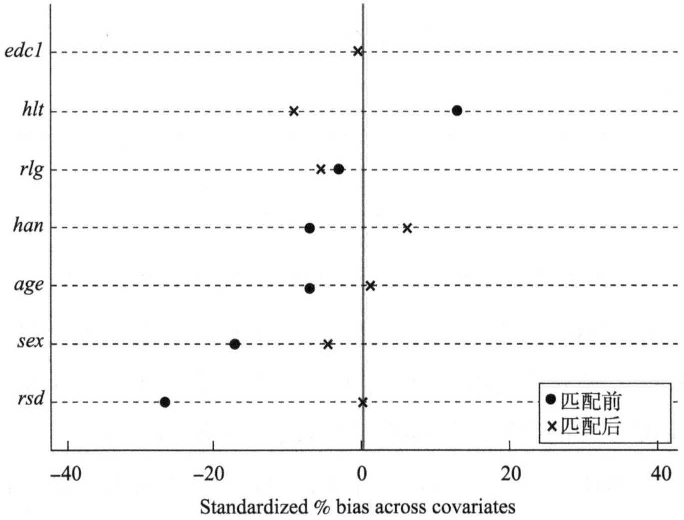

图 7-7　体育锻炼与青年 BMI：匹配变量标准化偏差

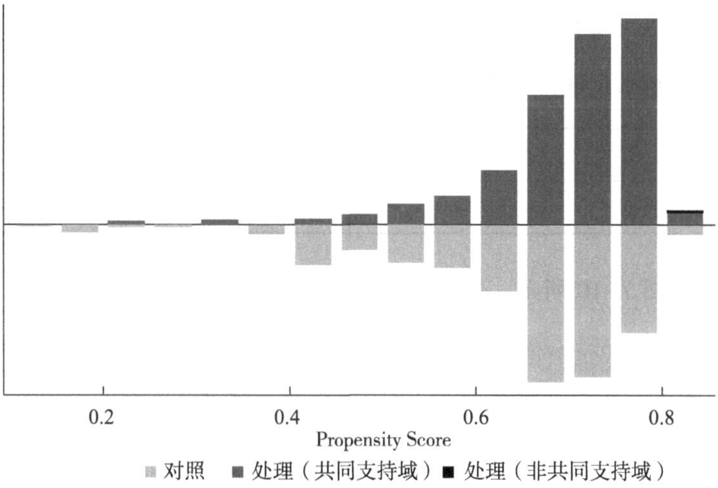

图 7-8 体育锻炼与青年 BMI：倾向值直方图

7.3.1.4 K 近邻匹配

此后，继续进行其他匹配算法的匹配，以进一步检验研究结果的稳健性。运行如下程序进行 K 近邻匹配且 $K=4$：

程序命令

- psmatch2 excl age sex han rlg rsd edcl hlt,outcome(bmi)n(4)ate ties logit common quietly

结果如图 7-9 所示，由于程序中选择了“quietly”，结果未显示匹配变量对处理变量的回归结果。由结果可知，体育锻炼平均减少青年人口 1 个单位的 BMI 值，相较于此前的结果值有所减少，t 值的绝对值 0.73<1.96，在 5%的水平上不显著。显示处理组里也有 3 个样本不在共同支持域内，未被纳入分析。

Variable	Sample	Treated	Controls	Difference	S.E.	T-stat
bmi	Unmatched	21.0485241	22.6968442	-1.64832005	.84455061	-1.95
	ATT	21.0492415	22.0516465	-1.00240501	1.36833897	-0.73
	ATU	22.6968442	21.464191	-1.23265318	.	.
	ATE			-1.0762207	.	.

Note: S.E. does not take into account that the propensity score is estimated.

psmatch2: Treatment assignment	psmatch2: Common support Off suppo	On suppor	Total
Untreated	0	260	260
Treated	3	551	554
Total	3	811	814

图 7-9 体育锻炼与青年 BMI：倾向值匹配结果（K 近邻匹配）

7.3.1.5 卡尺匹配

下面进行卡尺匹配，首先计算倾向值的标准差，程序如下：

程序命令

```
• sum_pscore
```

结果如图 7-10 所示，倾向值得分的标准差为 0.1070266。

Variable	Obs	Mean	Std. Dev.	Min	Max
_pscore	814	.6805897	.1070266	.1493445	.8431961

图 7-10 倾向值的标准差情况

然后以此值乘 0.25 后等于 0.02675665，为保守起见，将卡尺范围定为 0.02，以此卡尺匹配，程序如下：

程序命令

```
• psmatch2 excl age sex han rlg rsd edcl hlt,outcome(bmi)radius
  cal(0.02)ate ties logit common quietly
```

结果如图 7-11 所示，体育锻炼平均减少青年人口 1.74 个单位的 BMI 值，相较于此前的结果值有所增加，t 值的绝对值 1.42 虽小于 1.96 即在 5%的水平上不显著，但相较于此前的匹配方法有所增加。但此匹配方法处理组和对照组分别有 7 个和 6 个样本不在共同支持域内，共 13 个样本未被纳入分析，样本损失比此前的匹配方法更多。

Variable	Sample	Treated	Controls	Difference	S.E.	T-stat
bmi	Unmatched	21.0485241	22.6968442	-1.64832005	.84455061	-1.95
	ATT	21.0632213	22.8022825	-1.73906126	1.22805326	-1.42
	ATU	22.7638794	20.96921	-1.79466937	.	.
	ATE			-1.75669479	.	.

Note: S.E. does not take into account that the propensity score is estimated.

psmatch2: Treatment assignment	psmatch2: Common support Off suppo	On suppor	Total
Untreated	6	254	260
Treated	7	547	554
Total	13	801	814

图 7-11 体育锻炼与青年 BMI：倾向值匹配结果（卡尺匹配）

7.3.1.6 卡尺内近邻匹配

下面，进行卡尺内近邻匹配，并令 $K=4$，运行如下程序：

程序命令
• psmatch2 excl age sex han rlg rsd edc1 hlt, outcome(bmi) radius cal(0.02) ate ties logit common quietly

结果如图 7-12 所示，体育锻炼平均减少青年人口 1.08 个单位的 BMI 值，在 5%的水平上不显著。共 27 个样本未被纳入分析，样本损失较多。

Variable	Sample	Treated	Controls	Difference	S.E.	T-stat
bmi	Unmatched	21.0485241	22.6968442	-1.64832005	.84455061	-1.95
	ATT	21.0644806	22.1485178	-1.08403722	1.39356592	-0.78
	ATU	22.9155811	21.5194575	-1.39612351	.	.
	ATE			-1.18000276	.	.

Note: S.E. does not take into account that the propensity score is estimated.

psmatch2: Treatment assignment	psmatch2: Common support Off suppo	On suppor	Total
Untreated	18	242	260
Treated	9	545	554
Total	27	787	814

图 7-12 体育锻炼与青年 BMI：倾向值匹配结果（卡尺内近邻匹配）

7.3.1.7 核匹配

下面，使用默认核函数与带宽进行核匹配，运行如下程序：

程序命令
• psmatch2 excl age sex han rlg rsd edc1 hlt, outcome(bmi) kernel ate ties logit common quietly

结果如图 7-13 所示，体育锻炼平均减少青年人口 1.95 个单位的 BMI 值，t 值的绝对值 1.64 虽小于 1.96，即在 5%水平上不显著，但接近在 10%水平上显著，共 5 个样本未被纳入分析。在样本完整度和检验结果上均更令人满意。

Variable	Sample	Treated	Controls	Difference	S.E.	T-stat
bmi	Unmatched	21.0485241	22.6968442	-1.64832005	.84455061	-1.95
	ATT	21.0492415	23.0017553	-1.9525138	1.18765391	-1.64
	ATU	22.6782332	20.9997213	-1.67851187	.	.
	ATE			-1.86513123	.	.

Note: S.E. does not take into account that the propensity score is estimated.

psmatch2: Treatment assignment	psmatch2: Common support Off suppo	On suppor	Total
Untreated	2	258	260
Treated	3	551	554
Total	5	809	814

图 7-13　体育锻炼与青年 BMI：倾向值匹配结果（核匹配）

7.3.1.8　局部线性回归匹配

下面，使用默认核函数与带宽进行局部线性回归匹配，运行如下程序：

程序命令

- `psmatch2 excl age sex han rlg rsd edc1 hlt,outcome(bmi)llr ate ties logit common quietly`

结果与大部分匹配结果相类似（见图 7-14）。

Variable	Sample	Treated	Controls	Difference	S.E.	T-stat
bmi	Unmatched	21.0485241	22.6968442	-1.64832005	.84455061	-1.95
	ATT	21.0492415	22.6802176	-1.63097613	1.58085729	-1.03
	ATU	22.6968442	20.9885168	-1.7083274	.	.
	ATE			-1.65577432	.	.

Note: S.E. does not take into account that the propensity score is estimated.

psmatch2: Treatment assignment	psmatch2: Common support Off suppo	On suppor	Total
Untreated	0	260	260
Treated	3	551	554
Total	3	811	814

图 7-14　体育锻炼与青年 BMI：倾向值匹配结果（局部线性回归匹配）

7.3.1.9 样条匹配

下面，进行样条匹配[①]，由于 psmatch2 的样条匹配不会自动报告标准误，以自助法计算标准误。运行如下程序：

程序命令

```
• psmatch2 exc1 age sex han rlg rsd edc1 hlt,outcome(bmi)spline
  ate ties logit common quietly
• set seed 8888
• bootstrap r(att)r(ate)r(atu),reps(500):psmatch2 exc1 age sex han
  rlg rsd edc1 hlt,outcome(bmi)spline ate ties logit common quietly
```

结果如图 7-15 所示，此处不再赘述。

```
        Variable     Sample |    Treated     Controls   Difference         S.E.   T-stat
----------------------------+-----------------------------------------------------------
             bmi  Unmatched | 21.0485241   22.6968442  -1.64832005    .84455061    -1.95
                        ATT | 21.0492415   22.8991255  -1.84988402            .        .
                        ATU | 22.6968442   20.9075498  -1.78929439            .        .
                        ATE |                          -1.83045948            .        .
----------------------------+-----------------------------------------------------------

psmatch2: |   psmatch2: Common
Treatment |        support
assignment| Off suppo  On suppor |     Total
----------+----------------------+----------
Untreated |         0        260 |       260
  Treated |         3        551 |       554
----------+----------------------+----------
    Total |         3        811 |       814

Bootstrap replications (500)
----+--- 1 ---+--- 2 ---+--- 3 ---+--- 4 ---+--- 5
..................................................    50
..................................................   100
..................................................   150
..................................................   200
..................................................   250
..................................................   300
..................................................   350
..................................................   400
..................................................   450
..................................................   500

Bootstrap results                               Number of obs      =       814
                                                Replications       =       500

      command:  psmatch2 exc1 age sex han rlg rsd edc1 hlt, outcome(bmi) spline ate ties logit common quietly
        _bs_1:  r(att)
        _bs_2:  r(ate)
        _bs_3:  r(atu)

------------------------------------------------------------------------------
             |   Observed   Bootstrap                         Normal-based
             |      Coef.   Std. Err.      z    P>|z|     [95% Conf. Interval]
-------------+----------------------------------------------------------------
       _bs_1 |  -1.849884   1.321302    -1.40   0.161    -4.439588    .7398199
       _bs_2 |  -1.830459   1.218527    -1.50   0.133    -4.218729    .5578104
       _bs_3 |  -1.789294   1.067191    -1.68   0.094    -3.880949    .3023607
------------------------------------------------------------------------------
```

图 7-15　体育锻炼与青年 BMI：倾向值匹配结果（样条匹配）

① 需先以 net install snp7. pkg 安装 snp7 命令。

7.3.2 体育锻炼对肥胖的影响

下面，运用倾向值加权法开展中国青年体育锻炼对肥胖的影响研究。

7.3.2.1 二元 Logistic 回归

首先，以是否肥胖为因变量，以是否体育锻炼为自变量，不加任何控制变量，进行二元 Logistic 回归获得一个基础结果，运行如下程序：

程序命令
• logit obesity i.excl,or allbase

结果如图 7-16 所示，相较于未进行体育锻炼者，体育锻炼者肥胖的风险显著降低，是未锻炼者的 58.18%，该结果在 5%的水平上显著。

```
Iteration 0:   log likelihood = -289.22317
Iteration 1:   log likelihood = -286.43264
Iteration 2:   log likelihood =  -286.3881
Iteration 3:   log likelihood = -286.38809

Logistic regression                             Number of obs     =        814
                                                LR chi2(1)        =       5.67
                                                Prob > chi2       =     0.0173
Log likelihood = -286.38809                     Pseudo R2         =     0.0098

------------------------------------------------------------------------------
     obesity | Odds Ratio   Std. Err.      z    P>|z|     [95% Conf. Interval]
-------------+----------------------------------------------------------------
        exc1 |
          否 |          1  (base)
          是 |   .5818362   .1306341    -2.41   0.016     .3747043    .9034681
             |
       _cons |   .1818182   .0312524    -9.92   0.000     .1298154    .2546529
------------------------------------------------------------------------------
Note: _cons estimates baseline odds.
```

图 7-16 体育锻炼与青年肥胖：二元 Logistic 回归

7.3.2.2 多元 Logistic 回归

此后，加入可能的混杂因素，进行多元 Logistic 回归，运行如下程序：

程序命令
• logit bmi i.excl age i.sex i.han i.rlg i.rsd i.edcl i.hlt,allbase

结果如图 7-17 所示，体育锻炼者肥胖的风险是未锻炼者的 57.59%，该结果在 5%的水平上显著。

Logistic regression　　Number of obs = 814

LR chi2(13) = 51.46

Prob > chi2 = 0.0000

Log likelihood = -263.49386　　Pseudo R2 = 0.0890

obesity	Odds Ratio	Std. Err.	z	P>|z|	[95% Conf.	Interval]
excl						
否	1	(base)				
是	.5758787	.1410153	-2.25	0.024	.356367	.9306033
age	1.107072	.0668613	1.68	0.092	.9834855	1.246189
sex						
男	1	(base)				
女	.3518887	.0871718	-4.22	0.000	.2165414	.5718335
han						
汉族	1	(base)				
少数民族	.2343142	.1457114	-2.33	0.020	.0692576	.7927378
rlg						
未选择	1	(base)				
是	.6670262	.2800604	-0.96	0.335	.2929233	1.51891
rsd						
城	1	(base)				
乡	1.230654	.3439691	0.74	0.458	.7115812	2.128373
edcl						
小学以下	1	(base)				
小学	.6287832	.9078389	-0.32	0.748	.0371137	10.6529
初中	.9405122	.9070518	-0.06	0.949	.1420515	6.227059
高中及以上	.5894685	.5551419	-0.56	0.575	.0930738	3.733309
hlt						
很不健康	1	(base)				
比较不健康	.169436	.228679	-1.32	0.188	.0120277	2.38687
一般	.1883206	.2239487	-1.40	0.160	.0183088	1.937033
比较健康	.0897422	.1052713	-2.06	0.040	.0090054	.8943158
很健康	.1063179	.1245492	-1.91	0.056	.0107014	1.05626
_cons	.6710338	1.320845	-0.20	0.839	.0141665	31.78532

图 7-17　体育锻炼与青年肥胖：多元 Logistic 回归

7.3.2.3　倾向值加权的 Logistic 回归：逆处理概率加权法

下面以逆处理概率加权法进行以倾向值加权的 Logistic 回归。首先计算所有样本中接受处理的比例，即进行体育锻炼的比例为 68.06%。由于此前的操作中已经计算了每个样本的倾向值，即当前数据库中的_ pscore 变量，因此我们可直接计算处理组与对照组每个样本的权重，并进行加权回归，运行程序如下：

程序命令

```
• tab exc1
• gen wt1 = 0.6806/_pscore
• gen wc1 = (1-0.6806)/(1-_pscore)
• gen pw1 = .
• replace pw1 = wt1 if exc1 = = 1
• replace pw1 = wc1 if exc1 = = 0
• logit obesity i.exc1 age i.sex i.han i.rlg i.rsd i.edc1 i.hlt [pw=
  pw1], or allbase
```

结果如图 7-18 所示，以倾向值进行加权后，体育锻炼对肥胖风险的保护作用不再在 5%的水平上显著。

```
Logistic regression                             Number of obs     =        814
                                                Wald chi2(13)     =      46.17
                                                Prob > chi2       =     0.0000
Log pseudolikelihood = -254.14585               Pseudo R2         =     0.0903
```

obesity	Odds Ratio	Robust Std. Err.	z	P>|z|	[95% Conf.	Interval]
exc1						
否	1	(base)				
是	.6216835	.1516702	-1.95	0.051	.3853935	1.002846
age	1.12391	.073542	1.79	0.074	.9886307	1.277701
sex						
男	1	(base)				
女	.3551796	.0917547	-4.01	0.000	.2140693	.5893071
han						
汉族	1	(base)				
少数民族	.2524709	.1524767	-2.28	0.023	.0772927	.8246771
rlg						
未选择	1	(base)				
是	.7061072	.3026369	-0.81	0.417	.3048221	1.635667
rsd						
城	1	(base)				
乡	1.270134	.3799582	0.80	0.424	.7066662	2.28289
edc1						
小学以下	1	(base)				
小学	5.491929	11.00931	0.85	0.396	.1079885	279.3009
初中	22.73871	47.76939	1.49	0.137	.3703096	1396.261
高中及以上	13.8654	28.95752	1.26	0.208	.2313243	831.0817
hlt						
很不健康	1	(base)				
比较不健康	.1479742	.2283894	-1.24	0.216	.0071847	3.047652
一般	.1530887	.2172265	-1.32	0.186	.0094869	2.470373
比较健康	.069964	.0979554	-1.90	0.057	.0044991	1.087997
很健康	.0798011	.1113286	-1.81	0.070	.0051822	1.228853
_cons	.0229063	.0483941	-1.79	0.074	.0003644	1.439748

图 7-18　体育锻炼与青年肥胖：倾向值加权 Logistic 回归（IPTW 法）

7.3.2.4　倾向值加权的 Logistic 回归：标准化死亡比加权法

下面以标准化死亡比加权法进行以倾向值加权的 Logistic 回归。重新计算处理组与对照组每个样本的权重，并进行加权回归，运行程序如下：

程序命令
• gen wt2 = 1 • gen wc2 = [_pscore* (1-0.6806)]/[(1-_pscore)* 0.6806] • gen pw2 = . • replace pw2 = wt2 if exc1 = = 1 • replace pw2 = wc2 if exc1 = = 0 • logit obesity i.exc1 age i.sex i.han i.rlg i.rsd i.edc1 i.hlt [pw = pw2],or allbase

结果如图 7-19 所示，加权后，体育锻炼对肥胖风险的保护作用不再在 5%的水平上显著。

```
Logistic regression                             Number of obs     =        814
                                                Wald chi2(13)     =      50.30
                                                Prob > chi2       =     0.0000
Log pseudolikelihood = -252.44724               Pseudo R2         =     0.0923
```

obesity	Odds Ratio	Robust Std. Err.	z	P>|z|	[95% Conf.	Interval]
exc1						
否	1	(base)				
是	.66358	.1645317	-1.65	0.098	.4081705	1.07881
age	1.128287	.0740028	1.84	0.066	.9921802	1.283065
sex						
男	1	(base)				
女	.3164674	.0832902	-4.37	0.000	.1889311	.5300959
han						
汉族	1	(base)				
少数民族	.2602025	.157203	-2.23	0.026	.0796256	.8502965
rlg						
未选择	1	(base)				
是	.7518594	.3221932	-0.67	0.506	.3246179	1.741409
rsd						
城	1	(base)				
乡	1.334478	.4030342	0.96	0.339	.7383029	2.412061
edc1						
小学以下	1	(base)				
小学	10.1584	22.00314	1.07	0.284	.1455857	708.8133
初中	55.92643	114.0426	1.97	0.048	1.027746	3043.326
高中及以上	34.29582	69.65486	1.74	0.082	.6403977	1836.677
hlt						
很不健康	1	(base)				
比较不健康	.0512546	.068582	-2.22	0.026	.0037219	.7058224
一般	.0489891	.0578843	-2.55	0.011	.0048344	.4964312
比较健康	.0230143	.0268416	-3.23	0.001	.0023401	.2263365
很健康	.0255406	.0296981	-3.15	0.002	.002615	.249455
_cons	.0242763	.053656	-1.68	0.093	.000319	1.84725

图 7-19　体育锻炼与青年肥胖：倾向值加权 Logistic 回归（SMRW 法）

8 工具变量法与人口健康研究

若关注的问题中自变量与因变量存在反向因果关系，即因变量也会影响自变量，那么此时便无法得到纯粹关注的自变量的系数，一种理想的方式是寻找到与自变量相关而与因变量无关的自变量，即工具变量（Instrumental Variable，IV）对原自变量加以替代，这样回归便可以得到自变量对因变量的影响。本章主要对工具变量法在人口健康研究中估计处理效应的基本设计思路及实际操作法进行介绍。

8.1 工具变量法的设计思路

上文提到，假设个体依可观测变量选择是否接受处理，即虽然处理组与对照组在处理之前存在初始差异，但导致这种差异的先行因素已知并可测量，便可通过某种方式使处理组与对照组实现数据平衡。回归也是一种方法。以 Y_i 为结果变量，以 X_i 为处理变量，以 C_i 为协变量，用以刻画可观测的个体其他特征，ε_i 为误差项以捕捉不能被观测到的特征。回归表达式如下：

$$Y_i = \alpha + \beta X_i + \gamma C_i + \varepsilon_i \tag{8-1}$$

如果条件独立性假设（conditional independence assumption）成立，那么在给定协变量下，X 就像被随机分配一样，选择性偏误消失，X 独立于 Y，即 X 与误差项 ε 相互独立。此时，可以说 X 是外生变量，即由所设定的系统的模型之外所决定。

此时，OLS 回归估计的 β 即为处理效应，可通过样本两变量之间的关系与协方差矩阵加以证明：

对 $Y=\alpha+\beta X+\varepsilon$ 两侧同时求其与 X 的协方差，有：

$$Cov(Y,X)=Cov(\alpha+\beta X+\varepsilon,X)=\beta Cov(X,X)+Cov(\varepsilon,X)=\beta Var(X)+Cov(\varepsilon,X) \tag{8-2}$$

推导得出系数的矩估计：$\beta=\dfrac{Cov(Y,\ X)}{Var(X)}-\dfrac{Cov(\varepsilon,\ X)}{Var(X)}$

若 X 独立于 ε，则$\dfrac{Cov(\varepsilon,\ I)}{Cov(X,\ I)}=0$，$\beta=\dfrac{Cov(Y,\ X)}{Var(X)}$，此时，$Y$ 对 X 回归的斜率为 Y 和 X 的协方差与 X 的方差之比，即反映 X 对 Y 的影响。

然而，在实际研究中，往往存在可能影响处理分配的未观察到的个体异质性，即内生性存在于处理分配之中。

那么，要如何才能去除这种无法观察的内生性呢？既然导致内生性的因素不可观测，我们不妨换个思路，跳出对内生部分的剔除，而从外生部分的剥离入手。

如图 8-1 所示，无论我们如何努力地去观测原本未观测的变量，努力扩大范围，都无法保证能够全部找到协变量，总可能存在无法企及的遗漏，使得剩下的外生部分未必真的外生。而如果从本身外生的部分入手，谨

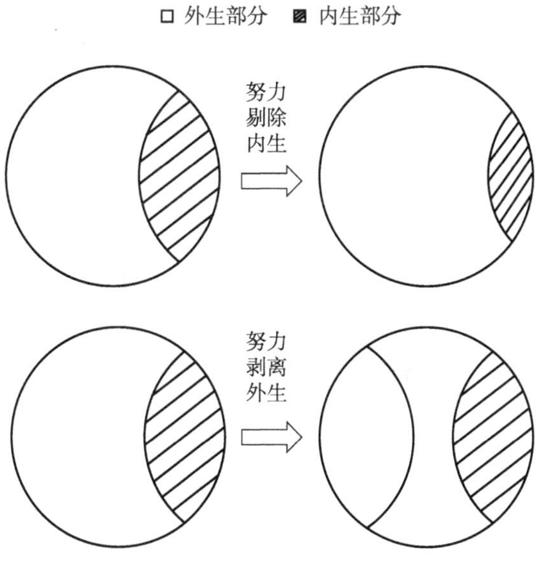

图 8-1 外生部分与内生部分演示图

慎地缩小范围，却可以得到一个虽不全面但很纯粹的外生效应。这也正是IV法的思路。因此，IV 估计量相较原自变量 X 的效应虽然是有偏的并且比 OLS 的效率低得多，但是是一致的（Nichols A，2007）。

如何剥离出处理的外生部分？我们需要一种特殊的背景变量作为工具，来识别出处理的外生性变化，这种变量称为工具变量，进而只用这部分外生性变化来估计处理的影响。仍然通过协方差矩阵加以证明：

对 $Y=\alpha+\beta' X+\varepsilon$ 两侧同时求其与 I 的协方差，有：

$$Cov(Y,I)=Cov(\alpha+\beta' X+\varepsilon,I)=\beta' Cov(X,I)+Cov(\varepsilon,I) \qquad (8-3)$$

推导得出系数的矩估计：$\beta'=\dfrac{Cov(Y,\ I)}{Cov(X,\ I)}-\dfrac{Cov(\varepsilon,\ I)}{Cov(X,\ I)}$

那么，如果 I 是一个与残差不相关的工具变量，则 $Cov(\varepsilon,\ I)=0$，进而$\dfrac{Cov(\varepsilon,\ I)}{Cov(X,\ I)}=0$，$\beta'=\dfrac{Cov(Y,\ I)}{Cov(X,\ I)}$，此时，$Y$ 对 X 回归斜率的工具变量估计为 Y 和 I 的协方差与 X 和 I 的协方差的比率；如果 I 与 X 相关，则 $Cov(X,\ I)\neq 0$，进而 β' 可以被计算出。

换言之，如果要使 IV 估计的估计量具有效力，则需满足：

（1）I 与 X 相关，即 $Cov(X,\ I)\neq 0$；

（2）I 与 ε 不相关，即 $Cov(\varepsilon,\ I)=0$。

这也是一种“排他性约束”（exclusion restriction），即工具变量影响结果变量的唯一渠道是通过与其相关的处理变量，它排除了所有其他的可能影响渠道（陈强，2014）。

比较前后计算出来的两个 β 值，在 OLS 中，$\beta=\dfrac{Cov(Y,\ X)}{Var(X)}$反映了 X 对 Y 变异的解释与 X 自身变异的比；而在 IV 估计中，$\beta'=\dfrac{Cov(Y,\ I)}{Cov(X,\ I)}$反映了 I 对 Y 变异的解释与 I 对 X 变异的解释之比。

二者之间的关系可通过图 8-2 加以理解。图中 3 个正圆从左到右分别为工具变量 I、处理变量 X、结果变量 Y，则 $\beta=\dfrac{Cov(Y,\ X)}{Var(X)}$的分子、分母分别为 X 与 Y 两正圆的交集和 X 正圆的面积，可见，如果 X 与 Y 的交集中含有内生部分，则β反映的X处理效应并不纯粹。

而$\beta'=\dfrac{Cov(Y,\ I)}{Cov(X,\ I)}$的分子、分母分别为$I$与$Y$两正圆的交集和$I$与$X$两正圆的交集面积，可见$\beta'$反映的$X$处理效应纯粹但并不完全。

实际上，IV 估计与 OLS 估计的思路是基于完全相同的原理，但 IV 估计是在X外生的区域内开展的，在这个区域内，I的变异也是X的变异，但不是X全部的变异。

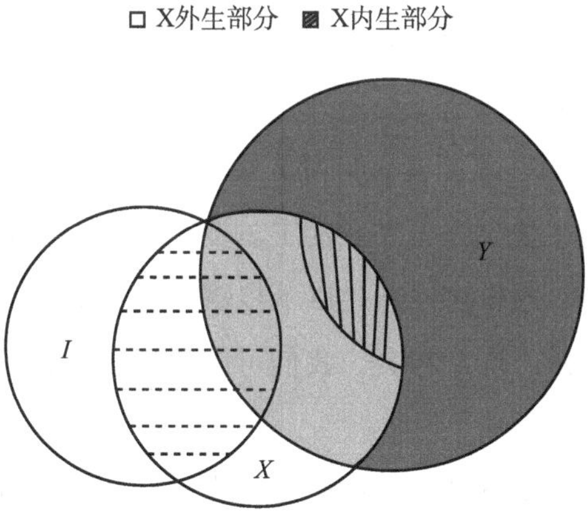

图 8-2　工具变量、处理变量、结果变量关系示意图

因此，IV 估计是一个局部的平均处理效应（local ATE），而不是整体的平均处理效应（ATE）。这表明 IV 估计虽然具有较高的内部有效性，却通常具有较低的精度。而如果我们选择的工具变量与处理变量X弱相关，即$Cov(X,\ I)$较小，则会加重这种风险。

再次回到工具变量回归系数的表达式$\beta'=\dfrac{Cov(Y,\ I)}{Cov(X,\ I)}-\dfrac{Cov(\varepsilon,\ I)}{Cov(X,\ I)}$，我们便能更容易地找到弱工具变量对处理效应估计的潜在威胁之处。即作为分母，如果$Cov(X,\ I)$较小，那么：

（1）β'估计值将对任何异常数据非常敏感，容错率较低；

（2）$Cov(X,\ I)$越小，在$Cov(\varepsilon,\ I)$不等于 0 的情况下产生的偏误将越大，当其接近于 0 时，即使$Cov(\varepsilon,\ I)$的绝对值再小也无法很好地弥补这种偏误；反之，如果$Cov(X,\ I)$很大，但$Cov(\varepsilon,\ I)$接近于0，那么减号后的部分将非常小，即越强的工具变量越能抵消其潜在的内生性，增强其稳健性。

8.2 工具变量法的统计分析方法

8.2.1 工具变量的获取

一个好的工具变量是利用工具变量法估计处理效应的关键。我们已经知道了工具变量的要求，即与处理变量高度相关，但与误差项不相关，这意味着，我们为了解决原处理变量外生性的问题，需要寻找一个新的外生变量，把对 X 外生的要求，替换为对 I 外生的要求，这其实并没有特别降低研究的难度。为了找到令人满意的工具变量，还是要紧密围绕着工具变量的两个前提思考，通常可以通过以下步骤开展（陈强，2014）：

首先，由于 I 必须与 X 相关，我们可先尽可能多地列出与原处理变量 X 相关的变量清单；

其次，由于 I 必须与误差项不相关，我们再从此前列出的潜在工具变量清单中将显而易见会与误差项相关的变量剔除；这个过程较难，我们可以从"排他性约束"的角度考虑，将那些可能通过与除了 X 以外的路径对 Y 产生影响的潜在工具变量剔除。

要实现上述两个步骤，需对决定结果变量 Y 和决定处理变量 X 的理论基础与过程机制都有较为清晰的理解。通常，一些显而易见具有较高外生性的变量［如气温、湿度、降雨、季节等自然变量，河流、位置、距离等地理变量，父母特征、兄弟姐妹特征等家庭成员变量，以及某一指标前一期的情况（滞后变量）］常常被根据研究目的用来作为工具变量。

8.2.2 两阶段最小二乘法工具变量分析

对于单个工具变量、处理变量和结果变量而言，简单的矩估计较为方便。但在实际研究中，往往情况更为复杂，如需要控制一些可观测的特征变量、可以找到多个工具变量、有多个处理变量等。此时，可以通过两阶段最小二乘法（Two Stage Least Square，2SLS/TSLS）开展工具变量分析。

第一阶段回归：处理变量 X 对工具变量 I 以及其他协变量 C（如有）和误差项 ε 进行回归 $X=\alpha+\beta I+\gamma C+\varepsilon$，并计算 X 的拟合值 $\widehat{X}$；

第二阶段回归：结果变量 Y 对第一阶段回归的拟合值 $\widehat{X}$ 以及其他协变量 C 进行回归 $Y=\alpha_1+\beta_1(\widehat{X})+\gamma_1 C+\varepsilon$，$\beta_1$ 为工具变量法估计量。

此外，两阶段最小二乘法还允许在第一阶段回归模型中同时纳入多个工具变量。

根据工具变量与原内生处理变量数量之间的相对关系，如果：

工具变量个数等于原内生处理变量个数，则被称为恰好识别（just identified）；

工具变量个数大于原内生处理变量个数，则被称为过度识别（over-identified）；

工具变量个数小于原内生处理变量个数，则被称为无法识别（under-identified）（陈强，2014）。

8.2.3 相关检验

为了保证工具变量估计的有效性，需要对其使用的两个前提，即第（1）条：I 与 X 相关，即 $Cov(X, I)\neq 0$；第（2）条：I 与 ε 不相关，即 $Cov(\varepsilon, I)=0$，进行检验（杜本峰，2016）。

对于这两个假设，第（1）条检验起来比较容易，而第（2）条则无法尽善尽美地实现，有时只能进行定性分析。相关的检验目标和假设可以总结如表 8-1 所示。

表 8-1 工具变量相关检验

前提条件	检验	检验目标	原假设	检验规则
第（1）条	不可识别检验	工具变量与解释变量相关	H_0：工具变量不可识别	$P<0.05$，拒绝不可识别
第（1）条	弱 IV 检验	检验第一阶段回归中 IV 系数显著性	H_0：IV 系数=0，即存在弱 IV	F 统计量 >10，拒绝 H_0，不存在弱 IV

续表

前提条件	检验	检验目标	原假设	检验规则
第（2）条	过度识别检验	检验 IV 的内生性	H_0：所有 IV 都是外生的	$P>0.05$，否则非外生
是否需要使用 IV	Hausman 检验；DWH 检验（Durbin-Wu-Hausman）；内生性检验	检验 X 的内生性	H_0：X 是外生的	$P<0.05$，OLS 估计量不是一致的，拒绝 X 外生，此时需要 IV

8.3 研究案例与 Stata 操作

下面根据结合中国综合社会调查 2015 年和 2017 年两期数据构建的一个小型数据库，应用 Stata16.0 软件，对工具变量法加以演示。

首先，在数据存储路径下打开数据库 ch8.dta。该数据库包含了 4771 个 45 岁及以上中老年样本。查看数据库中的变量名称、标签等信息，ch8 数据库各变量的名称和标签如表 8-2 所示。

表 8-2　ch8 数据库中变量名称和标签

变量名	变量标签
id	个体编号
sex	性别
age	年龄（岁）
edc	受教育程度
rsd	城乡居住地
han	民族
rlg	宗教信仰
hlt	自评健康状况
*int*17	2017 年上网频率
*int*15	2015 年上网频率

续表

变量名	变量标签
*med*15	2015 年互联网媒体应用频率
*inc*15	2015 年家庭收入

下面，以此数据库，运用工具变量法开展上网对自评健康的影响研究。

8.3.1 基础回归

首先，以 2017 年的自评健康（1 = 很不健康，2 = 比较不健康，3 = 一般，4 = 比较健康，5 = 很健康）为因变量，以上网频率（1 = 从不，2 = 一年数次，3 = 一月数次，4 = 一周数次，5 = 每天）为自变量，不加任何控制变量，进行二元线性回归获得一个基础结果，运行如下程序：

程序命令

```
• use ch8,clear
• reg hltint17,allbase
```

结果如图 8-3 所示，上网频率每增加 1 个单位，自评健康水平平均增加 0.16 个单位，该结果具有统计学意义。

```
      Source |       SS           df       MS      Number of obs   =     4,771
-------------+----------------------------------   F(1, 4769)      =    319.79
       Model |  358.943012         1  358.943012   Prob > F        =    0.0000
    Residual |  5352.86877     4,769  1.12243002   R-squared       =    0.0628
-------------+----------------------------------   Adj R-squared   =    0.0626
       Total |  5711.81178     4,770  1.19744482   Root MSE        =    1.0594

------------------------------------------------------------------------------
         hlt |      Coef.   Std. Err.      t    P>|t|     [95% Conf. Interval]
-------------+----------------------------------------------------------------
       int17 |   .1575012   .0088075    17.88   0.000     .1402345    .1747679
       _cons |   2.834456   .0251341   112.77   0.000     2.785182    2.883731
------------------------------------------------------------------------------
```

图 8-3　上网对自评健康的影响：二元线性回归

接下来，加入可能的混杂因素，进行多元线性回归，运行如下程序：

程序命令
• reg hlt int17 age sex han rlg edc rsd,allbase

结果如图 8-4 所示，相较于此前的二元线性回归平均处理效应降低为很低的水平，平均值为 0.07，但仍具有统计学意义，R-squared 有所上升。

Source	SS	df	MS			
				Number of obs	=	4,771
				F(7, 4763)	=	77.97
Model	587.209639	7	83.8870913	Prob > F	=	0.0000
Residual	5124.60214	4,763	1.07591899	R-squared	=	0.1028
				Adj R-squared	=	0.1015
Total	5711.81178	4,770	1.19744482	Root MSE	=	1.0373

hlt	Coef.	Std. Err.	t	P>|t|	[95% Conf.	Interval]
int17	.069037	.0108505	6.36	0.000	.047765	.090309
age	-.0137245	.0015498	-8.86	0.000	-.0167628	-.0106863
sex	-.1439433	.0308175	-4.67	0.000	-.2043598	-.0835268
han	-.0471162	.0591922	-0.80	0.426	-.1631604	.0689279
rlg	.0152973	.0486945	0.31	0.753	-.0801664	.1107609
edc	.0387993	.0071516	5.43	0.000	.0247788	.0528198
rsd	-.2746285	.0342082	-8.03	0.000	-.3416925	-.2075646
_cons	4.370044	.1545066	28.28	0.000	4.06714	4.672948

图 8-4 上网对自评健康的影响：多元线性回归

8.3.2 工具变量法估计

由于可能存在其他未能观测的遗漏变量，上网可能具有内生性。接下来，考虑使用 2015 年的上网频率和互联网媒体应用频率（int15、med15、inc15）作为 int17 的工具变量。在理论上，这 3 个变量很可能与 2017 年的上网情况相关，但可能不会直接影响 2017 年的自评健康。接下来进行 2SLS 回归，运行如下程序：

程序命令
• ivregress 2sls hlt age sex han rlg edc rsd(int17 = int15 med15 inc15)

结果如图 8-5 所示，上网对自评健康的平均处理效应增加为 0.18，但

不具有统计学意义。

```
Instrumental variables (2SLS) regression          Number of obs   =      4,770
                                                  Wald chi2(7)    =     495.39
                                                  Prob > chi2     =     0.0000
                                                  R-squared       =     0.0832
                                                  Root MSE        =     1.0477

------------------------------------------------------------------------------
         hlt |      Coef.   Std. Err.      z    P>|z|     [95% Conf. Interval]
-------------+----------------------------------------------------------------
       int17 |   .1795014    .261528     0.69   0.492    -.3330841    .6920869
         age |  -.0082289   .0130909    -0.63   0.530    -.0338865    .0174287
         sex |  -.1423765   .0313054    -4.55   0.000    -.2037339   -.081019
         han |  -.0465638   .0598015    -0.78   0.436    -.1637726    .0706451
         rlg |   .0174578   .0494352     0.35   0.724    -.0794335    .1143491
         edc |   .0110004    .066169     0.17   0.868    -.1186885    .1406893
         rsd |  -.1948417   .1915121    -1.02   0.309    -.5701984    .1805151
       _cons |   3.783006   1.395702     2.71   0.007     1.047481    6.518532
------------------------------------------------------------------------------
Instrumented:  int17
Instruments:   age sex han rlg edc rsd int15 med15 inc15
```

图 8-5　上网对自评健康的影响：工具变量法 1

下面，进行过度识别检验和弱工具检验。在上述工具变量回归程序运行后，直接运行如下程序：

程序命令

- estat overid
- estat firststage,all forcenonrobust

结果显示，过度识别检验 $P=0.4390$，不能拒绝所有工具变量均外生的原假设，即工具变量外生，与误差项不相关。但弱工具检验 F 统计量远小于 10，提示可能存在弱工具。

此外，非官方命令 ivreg2① 可以一次性实现过度识别检验，以及第一条 I 与 X 相关性的不可识别检验和弱工具变量检验。运行如下程序：

程序命令

- ivreg2 hlt age sex han rlg edc rsd(int17=int15 med15 inc15),orthog(int15 med15 inc15)

输出的结果既包含了工具变量估计结果，也包含了相关检验。具体而

① 首次使用需要下载：ssc install ivreg2，ssc install ranktest。

言，Underidentification test 为不可识别检验，其结果 $P<0.05$，拒绝不可识别的原假设；Weak identification test 为弱工具检验，F 值远小于 10，可能有弱工具；Sargan statistic 为过度识别检验，$P>0.05$，不能拒绝所有工具变量均外生的原假设，因为没有过度识别，因此检验两个工具变量外生性的步骤被程序自动省略，不会报告 C 统计量结果（见图 8-6）。

```
IV (2SLS) estimation
--------------------

Estimates efficient for homoskedasticity only
Statistics consistent for homoskedasticity only

                                                      Number of obs =     4770
                                                      F(  7,  4762) =    70.65
                                                      Prob > F      =   0.0000
Total (centered) SS     =  5711.156394                Centered R2   =   0.0832
Total (uncentered) SS   =        54262                Uncentered R2 =   0.9035
Residual SS             =  5236.094515                Root MSE      =    1.048

------------------------------------------------------------------------------
         hlt |      Coef.   Std. Err.      z    P>|z|     [95% Conf. Interval]
-------------+----------------------------------------------------------------
       int17 |   .1795014    .261528     0.69   0.492    -.3330841    .6920869
         age |  -.0082289    .0130909   -0.63   0.530    -.0338865    .0174287
         sex |  -.1423765    .0313054   -4.55   0.000    -.2037339   -.081019
         han |  -.0465638    .0598015   -0.78   0.436    -.1637726    .0706451
         rlg |   .0174578    .0494352    0.35   0.724    -.0794335    .1143491
         edc |   .0110004    .066169     0.17   0.868    -.1186885    .1406893
         rsd |  -.1948417    .1915121   -1.02   0.309    -.5701984    .1805151
       _cons |   3.783006    1.395702    2.71   0.007     1.047481    6.518532
------------------------------------------------------------------------------
Underidentification test (Anderson canon. corr. LM statistic):           8.381
                                                   Chi-sq(3) P-val =    0.0388
------------------------------------------------------------------------------
Weak identification test (Cragg-Donald Wald F statistic):                2.793
Stock-Yogo weak ID test critical values:  5% maximal IV relative bias    13.91
                                         10% maximal IV relative bias     9.08
                                         20% maximal IV relative bias     6.46
                                         30% maximal IV relative bias     5.39
                                         10% maximal IV size             22.30
                                         15% maximal IV size             12.83
                                         20% maximal IV size              9.54
                                         25% maximal IV size              7.80
Source: Stock-Yogo (2005).  Reproduced by permission.
------------------------------------------------------------------------------
Sargan statistic (overidentification test of all instruments):           1.647
                                                   Chi-sq(2) P-val =    0.4390

Collinearity/identification problems in eqn. excl. suspect orthog. conditions:
  C statistic not calculated for -orthog- option
------------------------------------------------------------------------------
Instrumented:         int17
Included instruments: age sex han rlg edc rsd
Excluded instruments: int15 med15 inc15
------------------------------------------------------------------------------
```

图 8-6　上网对自评健康的影响：工具变量法 2

最后，检验处理变量是否真的具有内生性。首先利用 ivreg2 命令，运行如下程序：

程序命令

```
• ivreg2 hlt age sex han rlg edc rsd(int17 = int15 med15 inc15),
  endog(int17)
```

结果显示 Endogeneity test 内生性检验 $P=0.6689$，不能拒绝 int17 是外生的假设，说明实际上在本研究中不需要使用笔者寻找的工具变量，或者笔者寻找的工具变量不够好。

此外，还可以通过豪斯曼检验（同方差）或 DWH 检验（异方差稳健）检验处理变量的外生性，相应的程序如下，结果与内生性检验相似。

程序命令

```
/* 豪斯曼检验* /
• qui reg hlt int17 age sex han rlg edc rsd
• est store ols
• qui ivregress 2sls hlt age sex han rlg edc rsd(int17=int15 med15
  inc15)
• est store iv
• hausman iv ols,constant sigmamore
/* DWH 检验* /
• qui ivregress 2sls hlt age sex han rlg edc rsd(int17=int15 med15
  inc15)
• estat endogenous
```

9

断点回归设计与人口健康研究

假设个体根据可观测变量选择是否接受处理，有一种特殊情形，即有时处理变量 X 完全由另一某连续变量是否超过某分界点所决定（陈强，2014）。此时，该分配变量可以帮助我们获取在分界点附近处理变量与结果变量的因果关系，这种方法被称为断点回归设计（Regression - Discontinuity Design，RDD），本章主要对此方法及其在人口健康研究中应用的实际操作法进行介绍。

9.1 断点回归的设计思路

9.1.1 重要概念与设计基础

断点回归非常依赖于研究目的与数据的配适度，以实现“处理变量 X 完全由另一某连续变量是否超过某分界点所决定”的设计基础。在断点回归中，有如下一些重要概念值得注意：

（1）处理（treatment），即原本要评估其影响的处理变量 X，是处理组与对照组的初始分配。

（2）结果（outcome），即原本想要评估的结果变量 Y，也是回归中的因变量。

（3）分配变量（assignment Variable），即研究对象据以决定是否接受

处理的变量 Z，决定着处理组与对照组分配的变量，也叫“强制变量”（forcing variable）或“驱动变量”（running variable），一般为连续变量。

分界点（cutoff），即分配变量中决定处理组与对照组分配的数值 C，当分配变量数值未超过分界点时，研究对象的处理为处理组/对照组其一，而一旦分配变量超过分界点，研究对象的处理则为处理组/对照组另一。

图 9-1 展示了一个符合断点回归设计的数据情况示意图。

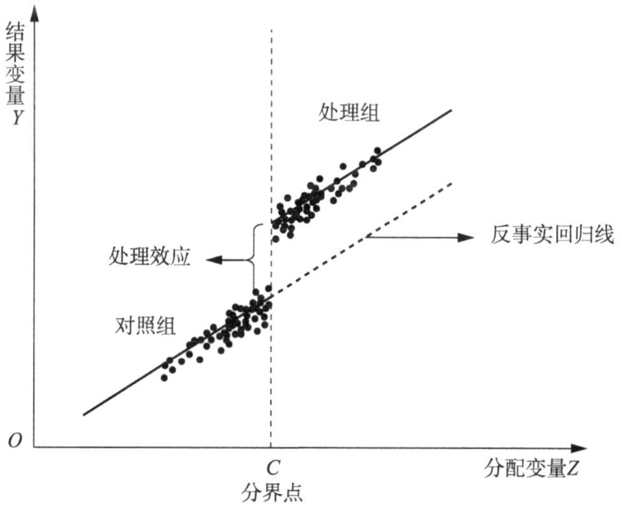

图 9-1　断点回归示意图

断点回归易与处理变量为二分类的直接回归以及倾向值匹配混淆。作为鉴别，与通常的二分类处理变量的直接回归相比，断点回归的处理和分配变量都是真实的，而分配变量相当于直接回归时的一个协变量。与倾向值匹配相比，断点回归里的分配变量无法作为匹配变量，因为处理组和控制组在该变量上完全没有交集，无法满足重叠假定。

9.1.2　断点回归有效性的关键

要保证断点回归估计的有效性，需满足一些前提条件或者重要的假设。

一方面，关于处理：

首先，研究对象是否接受处理的分配原则需已知并且可以模拟；

其次，研究对象被处理的概率在分界点处必须不连续，存在明显的“跳跃”。

另一方面，关于分配：

首先，个体无法“精确”操纵分配变量，分配变量在分界点处连续；

其次，在分界点没有其他机制，所有其他决定 Y 的已观测或未观测的协变量在分界点关于分配变量连续，满足排他性约束。

满足以上条件，便可使得稍低于分界点和稍高于分界点的样本像“双胞胎”一样，仿佛在分界点附近的局部样本是否接受处理类似于随机分配，形成“局部随机实验”（local randomized experiment）。

而由于在分界点附近仿佛存在局部随机分配，故一般认为断点回归是具有内部有效性的，可被视作一种比较强的准实验。但断点回归仅可对在分界点处的因果关系进行推断，甚至并不一定能推广到原本研究样本其他范围的值，故其外部有效性受到一定的局限。

9.1.3 断点回归的分类

根据研究中观测样本在分界点处得到处理的概率变化的不同，许多研究者将断点回归分为明确断点回归（Sharp Regression-Discontinuity Design, SRD）和模糊断点回归（Fuzzy Regression-Discontinuity Design, FRD）两种，并采用如下方式对其加以区别：

（1）明确断点回归的特点为在分界点 C 处观测个体得到处理的概率是从 0 跃迁为 1，一旦知道分配变量 Z，就可以知道处理状态 X。

（2）模糊断点回归的特点为在分界点 C 处观测个体得到处理的概率是从 z_1 跃迁为 z_2，其中，z_1 和 z_2 均为在（0，1）之间的值，满足 $0<z_1<z_2<1$。即即使分配变量取值在分界点 C 处有不连续的跳跃，即使个体在分配变量上的取值大于分界点值 C，也不一定得到处理，即使取值小于 C 也未必没有得到处理。也有研究者将模糊断点回归描述为更广泛的问题类别，其中断点本身可能没有明确的定义（Shadish W R et al.，2002）。但是，如果没有真正的不连续性，就不可能有断点回归。因此，模糊断点回归中的模糊性仅源于 X 在 C 处邻域的概率赋值（Nichols A，2007）。

图 9-2 为明确断点回归和模糊断点回归示意图。

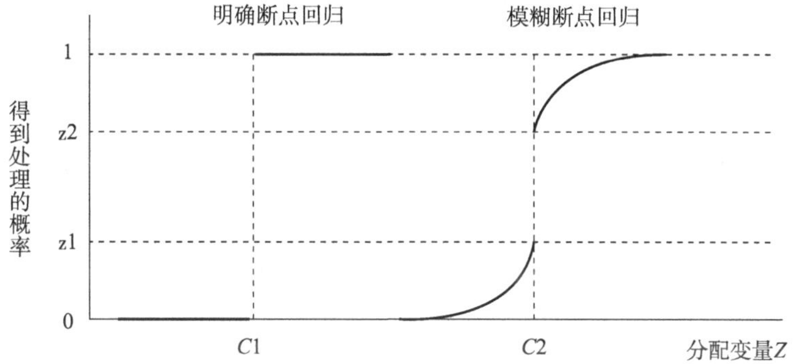

图 9-2 明确断点回归和模糊断点回归示意图

9.2 断点回归的统计分析方法

9.2.1 处理效应的估计

断点回归的处理效应估计从估计方式来说可以分为两类，即参数估计（parametric estimation）和非参数估计（nonparametric estimation），二者的区别主要在于对分配变量和结果变量之间关系的初始假定。

（1）参数估计法

参数估计法假设二者之间的关系曲线总体服从带未知参数的某个分布（如正态分布）或具体的回归函数，然后估计这些参数。显而易见，这一假定较强，一旦误判则可能造成较大的误差。

例如，假设结果变量 Y 与分配变量 Z 之间存在如下线性关系：

$$y_i=\alpha+\beta z_i+\varepsilon \tag{9-1}$$

假设结果变量 y_i 与 z_i 之间的线性关系在 $z=C$ 处存在一个向上跳跃的断点，而在此附近个体在除是否接受处理变量 X 的处理外，其他各方面均无系统差别，造成此跳跃的唯一原因只能是 X 的正向处理效应，故可将此跳跃视为在 $z=C$ 处 X 对 Y 的因果效应。

为了估计此跳跃，将方程改写为

$$y_i=\alpha+\beta(z_i-C)+\gamma X_i+\varepsilon \tag{9-2}$$

那么对此方程进行 OLS 回归，估计出的参数 γ 就是 X 在 $z=C$ 处的局部平均处理效应（Local Average Treatment Effects，LATE）的估计量。

正因如此，参数估计法对断点回归所估计的处理效应的有效性依赖于以下几个方面：

第一，依赖于研究目的。该处理效应的解释范围仅在分界点附近，非常依赖于研究的初始目的，不利于向更大人群的推广。

第二，依赖于趋势推测。在分界点上，因不能既观测到处理组又观测到控制组，对处理效应的检验非常依赖于对趋势的推测。

第三，依赖于函数形式。由于参数估计需事先设定函数，因此对是否有交互项、是否有高次项等函数形式的正确判断非常重要，否则可能将因函数斜率的变化或曲线走向的变化误认为断点和跳跃，做出错误的效应估计。

第四，依赖于分配变量的取值范围。鉴于断点回归局部随机实验的特点，要想得到真正断点处的处理效应，应使用断点附近的观测值，因此处理效应也依赖于研究选定的分配变量 Z 的取值范围。

（2）非参数估计法

非参数估计法一般不对模型的具体分布或函数形式作任何假定，因此其估计的结果更为稳健，但要求的样本容量更大、运行速度较慢。

非参数估计法一般是在分配变量 Z 的一个确定的“带宽”上估计处理变量 X 对结果变量 Y 的平均处理效果，并允许放宽关于函数形式在分界点的假设，并假定该未知函数在分界点某个邻域里为线性函数，采用局部线性回归方式（local linear regressions）和加权最小二乘法（Weighted Least Square，WLS）来估计此函数。其中，WLS 中包含一个核函数，离分界点越近权重越大，常用的有三角核或矩形核，而矩形核属于均匀核，使用时相当于 OLS 回归。其结果的局部 Wald 估计量即为处理变量的处理效应。

9.2.2 相关假设的检验

（1）内生性分组的检验

前文提到断点回归有效性的必要条件之一是个体无法“精确”操纵分配变量，分配变量在分界点处连续。如果研究对象个体事先知道处理关于分配变量的分配规则，并可通过自身努力而完全控制分配变量取值进而自行选择进入处理组或对照组，导致非随机分组，即“内生性分组”（endogenous sorting），则会引起断点回归失效。

因此如果存在内生性分组，个体将可自行选择进入分界点两侧，导致分配变量 Z 的密度函数在分界点处不连续。因此，对分配变量密度函数在分界点处连续的原假设进行检验，即可对是否存在内生性分组进行检验。

（2）协变量连续性的检验

此外，断点回归要求在分界点没有其他机制，所有其他决定 Y 的已观测或未观测的协变量在分界点关于分配变量连续。如果任一或几个协变量在分界点处的条件密度函数也存在跳跃，则不宜将全部 γ 归功于原本关注的处理变量。对此进行检验，一方面可将每个协变量作为新的处理变量，对其进行断点回归，考察其在分界点处的跳跃情况；另一方面可直接观察协变量与分配变量的关系图来考量二者之间的关系。

9.2.3 敏感性分析

通过上文介绍可以发现，断点回归在实际操作中也要面临多次“选择”和“决定”，而这些选择的不同可能带来不同的处理效应估计结果。因此，需要通过调整带宽①、核、协变量等方式并汇报多种情况下的结果，以保证研究结果的稳健性。

① 如最优带宽（通过最小化两个回归函数在断点处的均方误差得到）、最优带宽的 0.5 倍、2 倍等。

9.3 研究案例与 Stata 操作

下面根据由中国综合社会调查 2017 年数据构建的小型数据库，应用 Stata16.0 软件，对断点回归分析方法加以演示。

首先，在数据存储路径下打开数据库 ch9.dta。该数据库包含了 3253 个中国城市男性样本。查看数据库中的变量名称、标签等信息，ch9 数据库各变量的名称和标签如表 9-1 所示。

表 9-1 ch9 数据库中变量名称和标签

变量名	变量标签
id	个体编号
age	年龄（岁）
retire	是否退休
hsp	过去 12 个月里由于生病或受伤住院次数
han	民族
rlg	宗教信仰
hlt	自我感觉目前的身体健康状况
exc	在过去的 12 个月里在通常情况下进行时间达到 30 分钟且会让身体出汗的体育锻炼活动（次/周）

根据此数据库，运用断点回归分析法开展一项退休对老年人健康的影响研究。

利用 Stata 软件中的非官方命令 rd① 进行倾向值匹配分析。该命令的一般格式及各组成部分的含义如图 9-3 所示。

通常大部分城市男性人口 60 岁退休，拟以年龄为分配变量，以退休为处理变量，以过去 12 个月里由于生病或受伤住院次数为因变量，进行断点回归。

9.3.1 精确断点回归

首先，利用散点图观察分配变量与处理变量的关系，运行如下程序

① 如未安装，需先以 ssc install rd，replace 命令安装。

（见图 9-3）：

程序命令

```
• scatterretire age
```

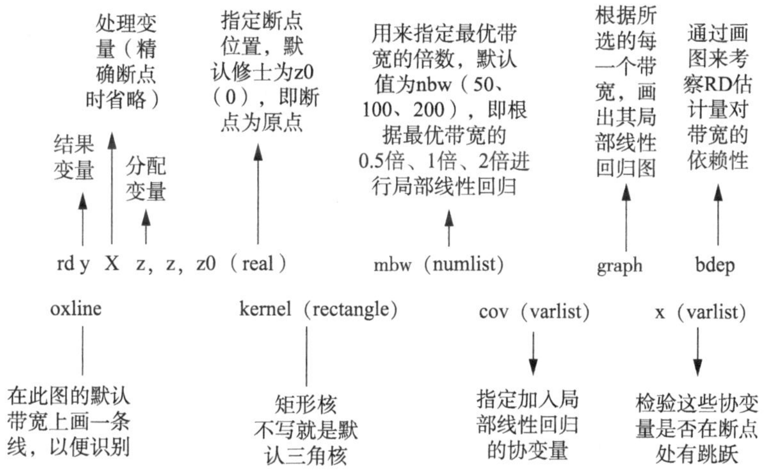

图 9-3　rd 命令介绍

结果如图 9-4 所示，可以明显观察到在年龄 60 岁时，退休的概率从 0 跳跃为 1，符合明确断点的假设。

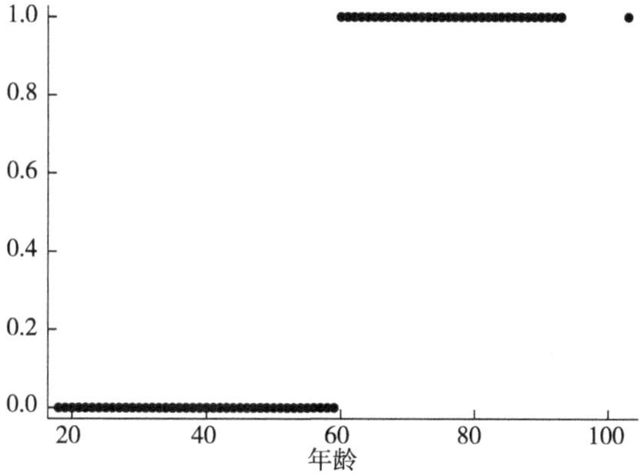

图 9-4　年龄与退休散点图

接下来，利用 rd① 命令使用最优带宽以及默认的三角核进行明确断点

① 首次使用需要下载：ssc install rd。

回归并画图。运行如下程序：

程序命令
• rd hsp age,z0(60)mbw(100)graph

结果如图 9-5、图 9-6 所示，图 9-5 显示，局部 Wald 估计量为 2.70，但不显著，说明退休没有增加住院次数。图 9-6 显示，条件期望函数只在断点 $Z=60$ 处微微向上跳跃。

```
Two variables specified; treatment is
assumed to jump from zero to one at Z=60.

 Assignment variable Z is age
 Treatment variable X_T unspecified
 Outcome variable y is hsp

Command used for graph: lpoly; Kernel used: triangle (default)
Bandwidth: 6.5985824; loc Wald Estimate: 2.7040123
Estimating for bandwidth 6.598582367500411
```

hsp	Coef.	Std. Err.	z	P>|z|	[95% Conf. Interval]	
lwald	2.704012	2.137643	1.26	0.206	-1.485691	6.893716

图 9-5　退休对住院次数的影响：断点回归结果 1

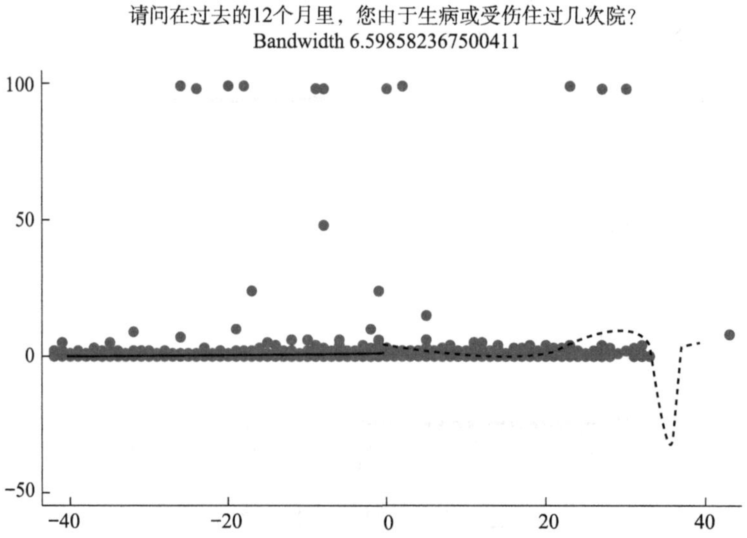

图 9-6　条件概率图

其次，加入几个可能的协变量重复上述估计，但省略条件概率图，运行程序如下：

程序命令
• r rd hsp age,z0(60)mbw(100)cov(han rlg exc hlt)

结果如图 9-7 所示，与此前的估计结果差别不大。

```
Two variables specified; treatment is
assumed to jump from zero to one at Z=60.

 Assignment variable Z is age
 Treatment variable X_T unspecified
 Outcome variable y is hsp

Estimating for bandwidth 6.598582367500411
```

hsp	Coef.	Std. Err.	z	P>|z|	[95% Conf.	Interval]
lwald	2.793562	2.120166	1.32	0.188	-1.361886	6.94901

图 9-7　退休对住院次数的影响：断点回归结果 2

接下来，同时对三种带宽进行估计，并画出估计值对带宽的依赖性，运行程序如下：

程序命令
• rd hsp age,z0(60)bdep oxline graph

结果如图 9-8、图 9-9 所示，显示估计值对带宽的依赖性不大。

```
Two variables specified; treatment is
assumed to jump from zero to one at Z=60.

 Assignment variable Z is age
 Treatment variable X_T unspecified
 Outcome variable y is hsp

Command used for graph: lpoly; Kernel used: triangle (default)
Bandwidth: 6.5985824; loc Wald Estimate: 2.7040123
Bandwidth: 3.2992912; loc Wald Estimate: 2.6642242
Bandwidth: 13.197165; loc Wald Estimate: 2.3253245
Estimating for bandwidth 6.598582367500411
Estimating for bandwidth 3.299291183750205
Estimating for bandwidth 13.19716473500082
```

hsp	Coef.	Std. Err.	z	P>|z|	[95% Conf.	Interval]
lwald	2.704012	2.137643	1.26	0.206	-1.485691	6.893716
lwald50	2.664224	2.836253	0.94	0.348	-2.89473	8.223179
lwald200	2.325325	1.423764	1.63	0.102	-.4652018	5.115851

图 9-8　退休对住院次数的影响：断点回归结果 3

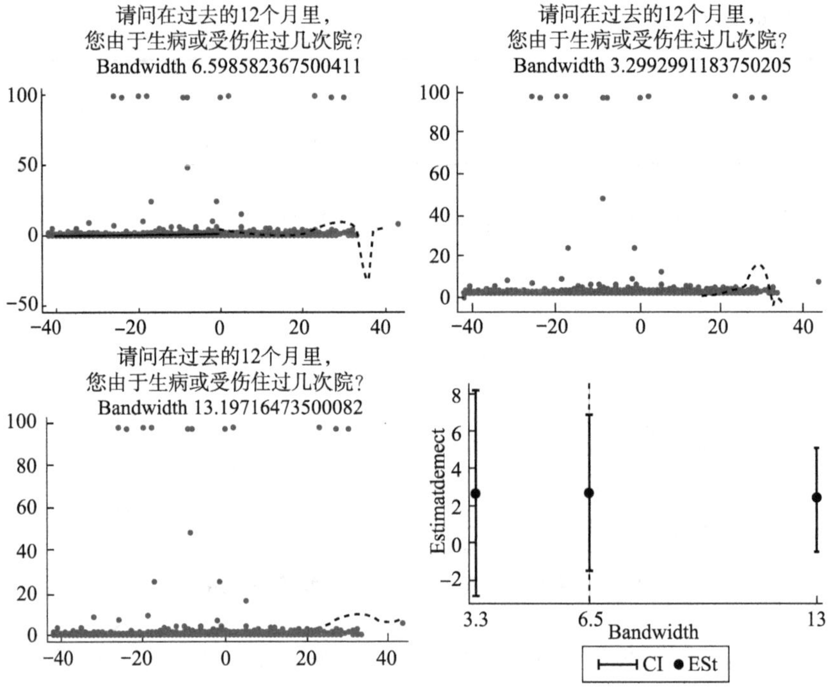

图 9-9　带宽依赖性示意图

接下来，对协变量在分界点处的条件密度函数是否存在跳跃进行检验。运行如下程序：

程序命令

```
• rd hsp age,z0(60)mbw(100)x(han rlg exc hlt)
```

结果如图 9-10 所示，4 个协变量的条件密度函数在分界点处都连续。

```
Two variables specified; treatment is
assumed to jump from zero to one at Z=60.

 Assignment variable Z is age
 Treatment variable X_T unspecified
 Outcome variable y is hsp

Estimating for bandwidth 6.598582367500411
```

hsp	Coef.	Std. Err.	z	P>|z|	[95% Conf.	Interval]
han	.0036723	.029755	0.12	0.902	-.0546465	.061991
rlg	.068759	.0400348	1.72	0.086	-.0097078	.1472258
exc	-5.258927	3.668352	-1.43	0.152	-12.44876	1.93091
hlt	.1194384	.1993924	0.60	0.549	-.2713635	.5102403
lwald	2.704012	2.137643	1.26	0.206	-1.485691	6.893716

图 9-10　协变量连续性检验结果

接下来，使用非官方命令 DCdensity①，以 McCrary 检验来检验分配变量的密度函数是否在断点处不连续，以检验是否存在内生性分组。该命令的一般格式及各组成部分的含义如图 9-11 所示。

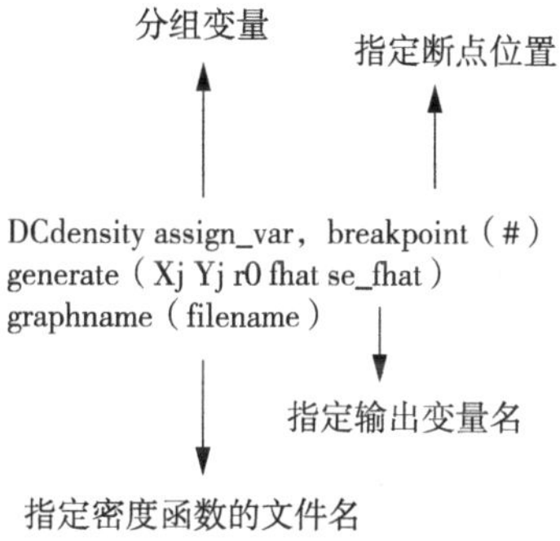

图 9-11　DCdensity 命令介绍

在本研究中，运行如下程序：

程序命令
• DCdensity age, breakpoint(60) generate(Xj Yj r0 fhat se_fhat) graphname(rdtest.eps)

结果如图 9-12、图 9-13 所示。该检验的原假设为密度函数在分界点处连续，图 9-12 中结果的第三行和第四行分别给出了系数和标准误，可以判断出 $P>0.05$，不能拒绝原假设。

```
Using default bin size calculation, bin size = .598379251
Using default bandwidth calculation, bandwidth = 20.262171

Discontinuity estimate (log difference in height): .112759592
                                                   (.101216203)
Performing LLR smoothing.
144 iterations will be performed
..............
Exporting graph as rdtest.eps
(note: file rdtest.eps not found)
(file rdtest.eps written in EPS format)
```

图 9-12　McCrary 检验结果

① 可在 https://eml.berkeley.edu//~jmccrary/DCdensity/网址下载，之后拷贝到 Stata 安装路径下的文件夹 ado\plus 里（可使用 sysdir 命令查看 Stata 的安装路径）。

从图 9-13 中可以看出，分界点两侧密度函数估计值的置信区间有很大的部分重叠，分界点两侧的密度函数不存在显著差异，说明分配变量在分界点处连续。

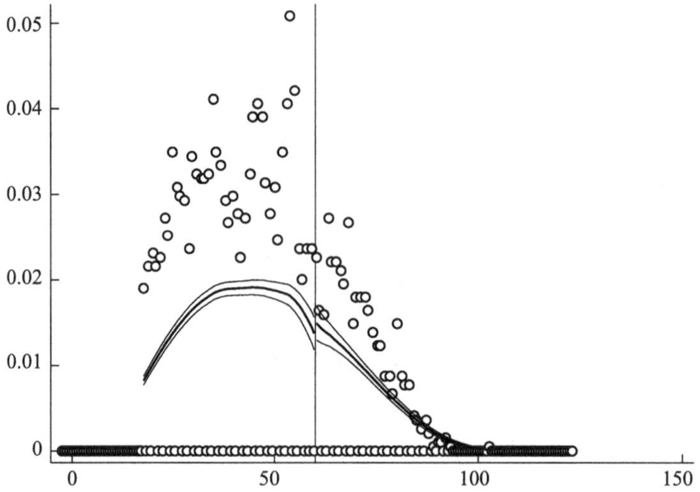

图 9-13　分配变量密度函数

9.3.2　模糊断点回归

下面，随机生成一个新的处理变量 randretire，使其不由分配变量 age 完全决定，但与原来的处理变量 retire 高度相关，即在大多数情况下，二者取值相同，但有 10%左右的数据相反。运行如下程序：

程序命令
• gen rand=uniform() • gen randretire=retire • replace randretire=1-retire if rand<0.1

下面，以新的处理变量 randretire，用最优带宽与默认三角核演示模糊断点回归，运行如下命令：

程序命令
• rd hsp randretire age, z0(60)mbw(100)

结果显示局部 Wald 估计量为 3.44，但不显著（见图 9-14）。

```
Three variables specified; jump in treatment
at Z=60 will be estimated. Local Wald Estimate
is the ratio of jump in outcome to jump in treatment.

 Assignment variable Z is age
 Treatment variable X_T is randretire
 Outcome variable y is hsp

Command used for graph: lpoly; Kernel used: triangle (default)
Bandwidth: 6.5985824; loc Wald Estimate: 3.4389704
Estimating for bandwidth 6.598582367500411
```

hsp	Coef.	Std. Err.	z	P>|z|	[95% Conf.	Interval]
numer	2.704012	2.132658	1.27	0.205	-1.475921	6.883946
denom	.7862854	.0559159	14.06	0.000	.6766922	.8958787
lwald	3.43897	2.715284	1.27	0.205	-1.882888	8.760829

图 9-14　退休对住院次数的影响：模糊断点回归结果

10

倍差法估计技术与人口健康研究

假设个体根据不可观测变量选择是否进入处理组或对照组，我们便无法通过匹配或其他控制的办法实现数据平衡。但若这些无法观测的异质性不随时间和处理状态变化，我们便可通过比较处理组与控制组在处理实施前后变化的差异来估计处理的效果，即使用倍差法。本章主要对倍差法在人口健康研究中估计处理效应的基本设计思路及实际操作法进行介绍。

10.1 倍差法估计的设计思路

对于有处理组和对照组的实验或干预研究，处理效果常需要一段时间才能显现（陈强，2014），如果在开展实验前（给予处理前）已收集了两组的结果变量数据，便可以将处理组在处理前后的结果变量随时间的变化（D_1）与对照组在处理前后的结果变量随时间的变化（D_2）之间的差值 D_1-D_2 作为处理效应，这便是倍差法的基本形式，也被称为“双重差分法”（Difference In Difference，DID）。

图 10-1 展示了倍差法的设计思路：

上下两条实线分别为处理组和控制组，基线时两组的结果指标分别为 Y_0 和 Y'_0，处理后两组的结果指标分别为 Y_1 和 Y_2。

那么处理组和控制组的平均处理效应 $ATE=Y_1-Y_2$；

假设图中的虚线为若处理组未接受处理的情况，即反事实，则处理组的平均处理效应 $ATT=Y_1-Y_3$；

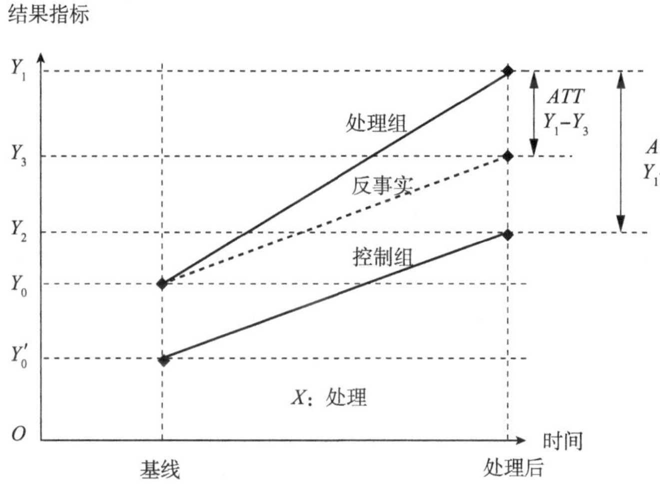

图 10-1 倍差法估计示意图

此时，如果处理组和控制组之间除处理影响外的初始差异不随时间变化，即满足平行趋势（parallel-trend）假设，则虚线与第二条实线相互平行，有 $Y_0-Y'_0=Y_3-Y_2$。

按倍差法定义写出其表达式为：

$$
\begin{aligned}
D_1-D_2 &= (Y_1-Y_0)-(Y_2-Y'_0) \\
&= (Y_1-Y_2)-(Y_0-Y'_0) \\
&= (Y_1-Y_2)-(Y_3-Y_2) \\
&= Y_1-Y_3 \\
&= ATT
\end{aligned}
\tag{10-1}
$$

可见，在满足平行趋势这一关键假设时，倍差法可以实现对处理效应 ATT 的有效估计。

平行趋势假设隐含着几个潜在的假设：

（1）处理组和对照组在初始状态的特征分布差异是稳定的，在处理期间不随时间变化；

（2）在处理期间，宏观外部环境对处理组和对照组的影响是相同的；

（3）在处理期间对处理组给予的处理，不会对对照组的结果变量产生任何影响。

10.2 倍差法的回归表达

上述倍差法的设计思路也可以回归的方式表达出来，表达式如下：

$$Y_{it}=\alpha+\beta X_i T_i+\gamma X_i+\delta T_i+\varepsilon \tag{10-2}$$

其中，X_i 为是否接受处理的虚拟变量，令处理组的个体 $X_i=1$，对照组的个体 $X_i=0$，以此展示处理组与控制组本身的差异；T_i 为个体在处理时间的虚拟变量，令处理前 $T_i=0$，处理后 $T_i=1$，以此展示处理前和处理后的时间趋势差异。

表 10-1 展示了处理变量和时间变量各种情况下的系数情况，最终回归表达式交互项的系数 β 即为处理组与控制组在处理实施前后变化的差异，即倍差法处理效应的估计值。

表 10-1　倍差法回归表达式系数情况

回归结果	处理前 （$T_i=0$）	处理后 （$T_i=1$）	处理后-处理前
对照组 （$X_i=0$）	α	$\alpha+\delta$	δ
处理组 （$X_i=1$）	$\alpha+\gamma$	$\alpha+\beta+\gamma+\delta$	$\beta+\delta$
处理组-控制组	γ	$\beta+\gamma$	β

可见，以回归的方式表达倍差法的设计更为方便，而且可以在处理为多组的情形下开展。此外，在实际研究中往往无法完美实现处理组和对照组在初始状态的特征分布差异不随时间变化（杜本峰，2016），外部宏观环境的变化对处理组与对照组也很可能会产生不同的影响，因此回归表达式为在模型中加入其他随时间变化的协变量，以进一步提纯处理效应提供了可能。

10.3 研究案例与 Stata 操作

下面，根据由中国综合社会调查 2015 年和 2017 年两期数据构建的小型数据库，应用 Stata16.0 软件，对倍差法分析方法加以演示。

首先，在数据存储路径下打开数据库 ch9.dta。该数据库包含了 3002 个样本，分别包含了 2015 年（基线）和 2017 年（第二期）测量的相关数据，以面板数据形式储存。查看数据库中的变量名称、标签等信息，ch10 数据库各变量的名称和标签如表 10-2 所示。

表 10-2 ch10 数据库中变量名称和标签

变量名	变量标签
id	个体编号
sex	性别
age	年龄（岁）
han	民族
rlg	宗教信仰
hlt	自评健康好
bmi	BMI（体重公斤数除以身高米的平方）
exc	每周体育锻炼
t	时期

根据此数据库，运用倍差法开展体育锻炼对 BMI 和健康的影响研究。在此，每周体育锻炼是我们关注的处理变量，根据“在过去的 12 个月里在通常情况下进行时间达到 30 分钟且会让身体出汗的体育锻炼活动（次/周）”生成。为了演示倍差法，笔者提取的 2015 年样本均为当年未进行每周体育锻炼的样本，根据其在 2017 年体育锻炼的情况对其进行了处理组与控制组的赋值，即若 exc = 1，则表示研究对象在 2016 年开展了为期一年的每周体育锻炼，为处理组；若 exc = 0，则为对照组；并以 2015 年（t =

0）为研究基期，2017 年（$t=1$）为处理后对处理组和对照组再次收集的数据。

10.3.1 体育锻炼对 BMI 的影响

首先，利用 Stata 软件中的非官方命令 diff[①] 进行倍差法分析（Villa J M，2016）。该命令的一般格式及各组成部分的含义如图 10-2 所示。

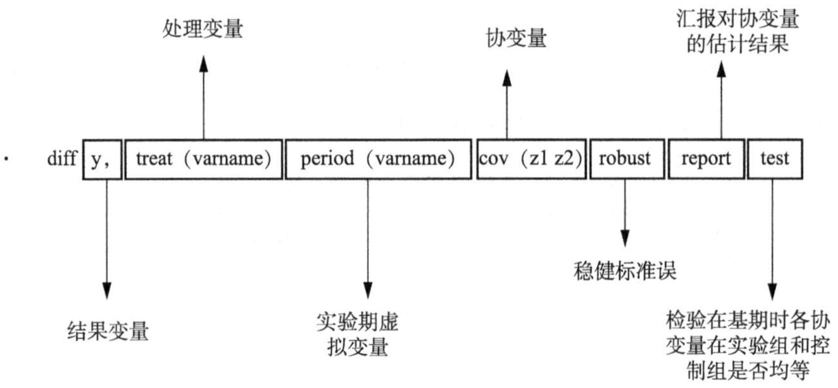

图 10-2 diff 命令介绍

根据研究目的，运行如下程序：

程序命令

```
• diff bmi,t(exc)p(t)robust
```

图 10-3 显示一年的每周体育锻炼会降低 BMI 的平均值（1.588），$P=0.003$，具有统计学意义。

接下来，加入一些可能在处理期间发生变化的样本特征变量，如年龄、宗教信仰、健康状况，以进一步提纯处理效应。运行程序如下：

程序命令

```
• diff bmi,t(exc)p(t)cov(age hlt rlg)report robust
```

① 首次使用需要下载：ssc install diff。

DIFFERENCE-IN-DIFFERENCES ESTIMATION RESULTS

Number of observations in the DIFF-IN-DIFF: 6004

	Before	After	
Control:	1499	1499	2998
Treated:	1503	1503	3006
	3002	3002	

Outcome var.	bmi	S. Err.	|t|	P>|t|
Before				
Control	**22.379**			
Treated	**22.662**			
Diff (T-C)	0.282	0.131	2.15	0.032**
After				
Control	**24.322**			
Treated	**23.015**			
Diff (T-C)	-1.306	0.524	2.49	0.013**
Diff-in-Diff	-1.588	0.540	2.94	0.003***

R-square: 0.01

* Means and Standard Errors are estimated by linear regression

**Robust Std. Errors

**Inference: *** p<0.01; ** p<0.05; * p<0.1

图 10-3　体育锻炼对 BMI 的影响：倍差法 1

结果如图 10-4 所示，处理效应变化不大。

DIFFERENCE-IN-DIFFERENCES WITH COVARIATES

DIFFERENCE-IN-DIFFERENCES ESTIMATION RESULTS

Number of observations in the DIFF-IN-DIFF: 6004

	Before	After	
Control:	1499	1499	2998
Treated:	1503	1503	3006
	3002	3002	

Report - Covariates and coefficients:

Variable(s)	Coeff.	Std. Err.	t	P>|t|
age	0.005	0.010	0.453	0.651
hlt	0.230	0.310	0.744	0.457
rlg	-0.100	0.453	-0.221	0.825

Outcome var.	bmi	S. Err.	|t|	P>|t|
Before				
Control	**22.027**			
Treated	**22.301**			
Diff (T-C)	0.274	0.132	2.08	0.038**
After				
Control	**23.982**			
Treated	**22.664**			
Diff (T-C)	-1.318	0.517	2.55	0.011**
Diff-in-Diff	-1.592	0.530	3.01	0.003***

R-square: 0.01

* Means and Standard Errors are estimated by linear regression

**Robust Std. Errors

**Inference: *** p<0.01; ** p<0.05; * p<0.1

图 10-4　体育锻炼对 BMI 的影响：倍差法 2

接下来，对在基期时各协变量在处理组和控制组是否均等进行检验，结果如图 10-5 所示，hlt 与 rlg 在基期的两组具有显著差异，也说明了无法以随机对照实验的方式不考虑基期情况，仅对处理后的两组进行比较。

程序命令
• diff bmi,t(exc)p(t)cov(age hlt rlg)test robust

```
TWO-SAMPLE T TEST

Number of observations (baseline): 3002
            Before         After
   Control: 1499           -          1499
   Treated: 1503           -          1503
            3002           -

t-test at period = 0:
```

Variable(s)	Mean Control	Mean Treated	Diff.	|t|	Pr(|T|>|t|)
bmi	22.379	22.662	0.282	2.15	0.0319**
age	53.371	54.204	0.833	1.40	0.1612
hlt	0.526	0.539	0.013	0.73	0.4675
rlg	0.131	0.122	-0.009	0.74	0.4582

*** p<0.01; ** p<0.05; * p<0.1

图 10-5　基期协变量比较

接下来，笔者看到回归表达式以线性回归得到的结果（图 10-6、图 10-7）与此前相同。

程序命令
• reg bmi exc##t,robust • reg bmi exc##t age hlt rlg,robust

```
Linear regression                          Number of obs     =      6,004
                                           F(3, 6000)        =       7.80
                                           Prob > F          =     0.0000
                                           R-squared         =     0.0050
                                           Root MSE          =     10.457
```

bmi	Coef.	Robust Std. Err.	t	P>|t|	[95% Conf.	Interval]
exc						
是	.2820902	.1314101	2.15	0.032	.0244792	.5397012
t						
第二期	1.942188	.4983425	3.90	0.000	.9652576	2.919118
exc#t						
是#第二期	-1.588499	.5403375	-2.94	0.003	-2.647755	-.5292437
_cons	22.37945	.0925638	241.77	0.000	22.19799	22.56091

图 10-6　体育锻炼对 BMI 的影响：倍差法 3

Linear regression

Number of obs	=	6,004
F(6, 5997)	=	4.32
Prob > F	=	0.0002
R-squared	=	0.0052
Root MSE	=	10.459

bmi	Coef.	Robust Std. Err.	t	P>|t|	[95% Conf.	Interval]
exc						
是	.2743261	.1320348	2.08	0.038	.0154903	.5331618
t						
第二期	1.955241	.5051449	3.87	0.000	.9649758	2.945507
exc#t						
是#第二期	-1.592237	.5298608	-3.01	0.003	-2.630955	-.5535196
age	.0045796	.010108	0.45	0.651	-.0152358	.0243949
hlt	.2302901	.309667	0.74	0.457	-.3767686	.8373488
rlg	-.100275	.4529565	-0.22	0.825	-.9882327	.7876828
_cons	22.02709	.6695421	32.90	0.000	20.71454	23.33963

图 10-7　体育锻炼对 BMI 的影响：倍差法 4

10.3.2　体育锻炼对自评健康的影响

接下来，进行体育锻炼对自评健康的影响研究。*hlt* 是二分类变量，不适合使用 diff 命令，因此直接根据倍差法的回归表达，以 Logistic 回归开展分析。运行程序如下：

程序命令
• logit hlt exc##t,or

图 10-8 显示每周体育锻炼者自评健康好的可能是未锻炼者的 1.58 倍，结果具有统计学意义。

接下来，加入可能变化的协变量，运行程序如下：

程序命令
• logit hlt exc##t agebmi rlg,or

图 10-9 显示每周体育锻炼者自评健康好的可能是未锻炼者的 1.36

倍，结果具有统计学意义。

```
Iteration 0:   log likelihood =  -4150.124
Iteration 1:   log likelihood = -4125.6694
Iteration 2:   log likelihood = -4125.6675
Iteration 3:   log likelihood = -4125.6675

Logistic regression                             Number of obs     =      6,004
                                                LR chi2(3)        =      48.91
                                                Prob > chi2       =     0.0000
Log likelihood = -4125.6675                     Pseudo R2         =     0.0059

------------------------------------------------------------------------------
         hlt | Odds Ratio   Std. Err.      z    P>|z|     [95% Conf. Interval]
-------------+----------------------------------------------------------------
         exc |
          是 |   1.054618   .0771608     0.73   0.467     .9137287    1.217231
             |
           t |
      第二期 |   .7883709   .0576973    -3.25   0.001     .6830224    .9099682
             |
       exc#t |
 是#第二期   |   1.579952   .1641175     4.40   0.000     1.288918    1.936701
             |
       _cons |   1.108298    .057327     1.99   0.047     1.001447     1.22655
------------------------------------------------------------------------------
Note: _cons estimates baseline odds.
```

图 10-8　体育锻炼对自评健康的影响：倍差法 1

```
Iteration 0:   log likelihood =  -4150.124
Iteration 1:   log likelihood = -3797.2259
Iteration 2:   log likelihood = -3796.9103
Iteration 3:   log likelihood = -3796.9102

Logistic regression                             Number of obs     =      6,004
                                                LR chi2(6)        =     706.43
                                                Prob > chi2       =     0.0000
Log likelihood = -3796.9102                     Pseudo R2         =     0.0851

------------------------------------------------------------------------------
         hlt | Odds Ratio   Std. Err.      z    P>|z|     [95% Conf. Interval]
-------------+----------------------------------------------------------------
         exc |
          是 |   1.098414   .0849502     1.21   0.225     .9439195    1.278195
             |
           t |
      第二期 |   .7492496   .0581442    -3.72   0.000     .6435324    .8723335
             |
       exc#t |
 是#第二期   |   1.355019   .1490335     2.76   0.006     1.092257    1.680992
             |
         age |   .9581231   .0017257   -23.75   0.000     .9547468    .9615113
         bmi |   1.001971   .0026362     0.75   0.454     .9968171    1.007151
         rlg |   .7757662   .0666265    -2.96   0.003     .6555798    .9179861
       _cons |   10.87729   1.371352    18.93   0.000     8.495825     13.9263
------------------------------------------------------------------------------
Note: _cons estimates baseline odds.
```

图 10-9　体育锻炼对自评健康的影响：倍差法 2

11

面板数据与人口健康研究

将只有一个时间维度的截面数据扩展为多个时间序列即构成了面板数据（panel data），一般通过对一组个体的多时间追踪而收集得到面板数据。其中，就面板数据的结构而言，若观察周期较短而个体较多即为短面板（short panel），若观察周期较长而个体较少即为长面板（long panel）；就面板数据是否包含被解释变量的滞后项而言，包含则为动态面板（dynamic panel），不包含则为静态面板（static panel）；就面板数据中不同时期个体是否缺失而言，若所有个体在各个时期都有调查到则为平衡面板（balanced panel），而若一些时期有某些个体未调查到则为非平衡面板（unbalanced panel）。

二维坐标下 N×T 结构（N 是指泛化意义的个体，可以是个人、企业、省份、国家等，T 指观察窗口，可以是小时、天、月、年等）的面板数据拥有更多的样本量，有助于整体估计精度的提高，其也有着定位遗漏变量偏误以及捕捉到更多个体动态特征的优点（陈强，2014）。本章从面板数据的设计思路与统计分析方法、研究案例与 Stata 操作[①]两个部分对面板数据与人口健康研究的交织进行介绍。考虑到人口健康研究实践应用导向，为便于读者理解，本章对具体的模型推导等有所省略，更详细的内容可参见 Greene W H（2000）、Wooldridge J M（2003）和陈强（2014）的相应章节。

① 本章节所有命令都在 Stata16.0 软件中进行。

11.1 面板数据的设计思路与统计分析方法

11.1.1 短面板数据

首先将视线聚焦于观察周期较短而个体较多的短面板中。一方面，若将面板数据视为多个截面数据的组合，即所有个体的回归方程估计都是一致的，此时可进行混合回归（pooled regression）。混合回归假设不存在个体效应，这种对个体间不可观测或遗漏异质性的忽视可能导致估计不一致。另一方面，若为每个个体估计独特的回归方程，则对样本量提出了较高要求且没有充分利用个体的共性特征。

综合考虑两种估计策略，在实证中常假设不同个体的斜率相同而截距不同，即得到个体效应模型（individual-specific model）。若不可观测的随机变量与若干个解释变量相关，则得到固定效应模型（Fixed Effects Model，FE）；反之，若不可观测的随机变量与所有解释变量都不相关，则得到随机效应模型（Random Effects Model，RE）（陈强，2014）。

在 Stata 中，可通过如下命令来设定面板数据结构：

xtset panelvar timevar，*tsoptions*

其中，可以使用 *tsoptions* 来设定时间单位与时间段的长度。

混合回归在 Stata 中的命令和在截面数据中一致，但考虑到相同个体在不同观测窗口的误差项往往存在自相关，应使用聚类稳健标准误进行校正：

reg y x，vce（cluster id）

在固定效应模型中，假设个体异质性由个体截距项所吸收，个体固定效应可以定位不随时间变化而随个体变化的遗漏变量问题，时间固定效应可以定位随时间变化而不随个体变化的遗漏变量问题，值得注意的是，个体固定效应无法估计随时间变化的变量的效应。若在模型中同时纳入个体固定效应和时间固定效应，则为双向固定效应（two-way fe）；若只考虑个体固定效应，则为单向固定效应（one-way fe）。此外，还存在个体变动体现为个体的不同时间趋势的情形，此时可由一个来自某分布的随机连续变量来吸收个体异质性，即得到随机趋势模型（random trend model）。固定效应模型可通过最小二乘虚拟变量模型（Least Square Dummy Variable，LS-DV）、个体内均值离差法、一阶差分法（First Differencing，FD）等来估计。

Stata 中可通过如下命令进行双向固定效应估计：

xtreg y x i. time，*fe vce*（*vcetype*）

其中，*vcetype* 表示标准误类型既可以是传统的、稳健的（robust）、聚类到某一层次的（cluster id），也可以是通过自助法（bootstrap）（Efron B，1979）获得的。其中，聚类稳健标准误是对误差项不满足独立同分布假设时标准误的一种矫正，自助法是通过在原始样本中进行多次抽样进而利用抽样样本对原始样本的标准误进行统计推断的方法。

在随机效应模型中，由于代表个体异质性的截距项与解释变量不相关这一假设要求较为严格，较难满足，固定效应模型在某种程度上应用得更多。随机效应模型可通过可行广义最小二乘法（Feasible Generalized Least Square，FGLS）、最大似然法（Maximum Likelihood Estimation，MLE）等进行估计。

Stata 对随机效应的估计命令为：

xtreg y x，*re vce*（*vcetype*）

在实际应用中，就固定效应与随机效应的使用选择，更严谨的做法是应用 Hausman 检验（Hausman J A，1978）来判断。Hausman 检验的原假设是“H_0：个体异质性的随机截距项与解释变量不相关”，若拒绝原假设，则说明只能使用固定效应模型，若无法拒绝原假设，则说明固定效应与随机效应模型得到的估计量都是一致的，但随机效应模型会更有效，而在误差项存在异方差时，随机效应模型也并非最有效。

Stata 中 Hausman 检验命令为：

xtreg y x，fe vce（vcetype）

estimates store FE

```
xtreg y x, re vce (vcetype)
estimates store RE
hausman FE RE
```

其中，estimates store 用于储存回归结果，Hausman 检验的更多选项设置可参见 Stata 中 “help hausman”。

11.1.2 长面板数据

接下来，关注观察周期较长而个体较少的长面板。由于长面板的观察周期较长，需要考虑随时间和个体而异的误差项可能存在的异方差和自相关问题。

对于组间异方差（groupwise heteroskedasticity），Greene W H（2000）提供了原假设为“误差项方差无差异”的 Wald 检验，若 *P* 值显著，则拒绝原假设，认为存在组间异方差。Stata 中在运行回归后可进行检验，命令为① xttest3。

对于组内自相关（autocorrelation within panel），Wooldridge J M（2002）提供了原假设为“不存在组内自相关”的 Wald 检验，若 *P* 值显著，则拒绝原假设，认为存在组内自相关。Stata 中运行命令为② xtserial y x。

对于组间同期相关（contemporaneous correlation），Greene W H（2000）提供了原假设为“不存在组间同期相关”的 Breusch-Pagan LM 检验，若 *P* 值显著，则拒绝原假设，认为存在组间同期相关。Stata 中在运行回归后可进行检验，命令为③ xttest2。

针对组间异方差、组内自相关和组间同期相关问题，有事后校准和事前假设两种解决办法。前者主要是在回归后采用对组间异方差和组间同期相关稳健的面板校正标准误（panel-corrected standard errors）对标准误进行校正，这一方法是较为稳健的做法。Stata 命令为：

xtpcse y x。

---

① 首次使用需进行下载：ssc install xttest3。

② 首次使用需进行下载，可通过 help xtserial 寻找有效 xtserial 进行下载。

③ 首次使用需进行下载：ssc install xttest2。

其中，若添加 hetonly 选项则表示仅存在组间异方差而不存在组间同期相关。

后者则是通过进行事前假设而使用 FGLS 估计，优点是效率高，缺点是需要对异方差和自相关的存在进行假设。Stata 命令为：

xtgls y x, *options*

其中，*options* 中可对异方差和自相关的形式进行假设，panels（iid）表示误差项为标准的独立同分布，panels（heteroskedastic）表示误差项存在异方差但不存在同期相关，panels（correlated）表示存在异方差与同期相关，corr（independent）表示不存在组内自相关，corr（ar1）表示存在组内自相关，corr（psar1）表示每个面板都有独特的自回归系数。

11.1.3 动态面板数据

前述 11.1.1 与 11.1.2 针对静态面板的短面板数据和长面板数据进行了介绍，本部分对动态面板数据进行概述。出于过去的决策与行为会影响未来的决策与行为的考量，包含了被解释变量滞后项的动态面板有助于进行这种动态分析。

针对短动态面板，可以利用被解释变量的滞后项作为工具变量进行广义矩估计（Generalized Method of Moments，GMM）。若使用被解释变量一阶滞后项作为被解释变量差分变量的工具变量进行二阶段最小二乘（Two Stage Least Square，2SLS）估计，可得到由 Anderson T W 等（1981）提出的 Anderson-Hsiao 估计量。若使用被解释变量所有滞后项作为被解释变量差分变量的工具变量进行 GMM 估计，可得到由 Arellano M 等（1991）提出的 Arellano-Bond 估计量/差分 GMM，应用差分 GMM 的条件是误差项不存在自相关。Stata 中差分 GMM 的命令为：

xtabond y x, *lags*（#）*maxldep*（#）

其中，*lags*（#）表示应用被解释变量的#阶滞后项作为解释变量；*maxldep*（#）表示至多可应用被解释变量的#阶滞后项作为工具变量。

若使用被解释变量差分变量所有滞后项作为被解释变量的工具变量进行 GMM 估计，可得到由 Arellano M 等（1995）提出的 Arellano-Bover 估计量/水平 GMM，应用水平 GMM 的条件是误差项不存在自相关且被解释变量差分变量的滞后项与个体效应不相关。将差分 GMM 与水平 GMM 组合为联立方差进行 GMM 估计，可得到由 Blundell R 等（1998）提出的 Blundell-Bond 估计量/系统 GMM，应用系统 GMM 的要求与水平 GMM 相同。Stata 中水平 GMM 和系统 GMM 的命令均为：

xtdpdsys y x，*lags*（#）*maxldep*（#）

其中，*lags*（#）表示应用被解释变量的#阶滞后项作为解释变量；*maxldep*（#）表示至多可应用被解释变量的#阶滞后项作为工具变量。

针对长动态面板，可通过 Bruno（2005）提供的偏差校正 LSDV（Biased-corrected LSDV）方法进行估计，Stata 命令为：

xtlsdvcy x，initial（*estimator*）

其中，initial（*estimator*）表示偏差校正的初始值，有 ah（anderson-hsiao 估计量）、ab（arellano-bond 估计量/差分 GMM）、bb（blundell-bond 估计量/系统 GMM）、my（由用户来提供）4 种。

11.1.4 非线性面板数据

上述 11.1.1~11.1.3 介绍的面板数据的被解释变量均为连续变量，而在面板数据的被解释变量为分类变量、计数变量和受限变量等非连续变量时，上述方法不再适用，故这部分考虑非线性面板。

首先，若被解释变量是“非此即彼”的二分类变量，如读大学 vs 不读大学、生 vs 死等，则可以应用二元选择模型（binary choice model）。当模型的误差项服从标准 Logistic 分布时，可以应用 Logit 模型，当模型的误差项服从标准正态分布时，可以应用 Probit 模型。其次，若被解释变量是取值为非负整数的计数变量，如新冠肺炎确诊病例数、子女数量等，可以应用泊松回归（Poisson regression）或负二项回归（negative binominal regression）。最后，若被解释变量是取值范围受到限制的变量，这可见于当被解释变量大于等于或小于等于某个临界值时，所有被解释变量都归为该临界值的删失数据（censored data），此时可以应用 Tobit 模型。

进一步地，当个体效应都一致时，可以使用将面板数据退化为截面数据的混合回归，并采用聚类稳健标准误以定位同一个体在不同期的误差项可能存在的自相关问题，Stata 中命令为：

logit y x，vce (cluster id)

probit y x，vce (cluster id)

poisson y x，vce (cluster id)

nbreg y x，vce (cluster id)

tobit y x，ll [(*varname* | #)] ul [(*varname* | #)] vce (cluster id)

其中，ll [(*varname* | #)] 表示左删失变量或下限数值，ul [(*varname* | #)] 表示右删失变量或上限数值，下同。

而当个体效应不一致时，在个体效应与若干个解释变量相关的条件下，则可以应用固定效应模型（Fixed Effects Model，FE）①，Stata 中的命令为：

xtlogit y x，fe

xtpoisson y x，fe

xtnbreg y x，fe

当个体效应不一致时，在个体效应与所有解释变量都不相关的条件下，则可以应用随机效应模型，Stata 中命令为：

xtprobit y x，re

xtpoisson y x，re

xtnbreg y x，re

xttobit y x，re ll [(varname | #)] ul [(varname | #)]

11.2 研究案例与 Stata 操作

中国老年健康影响因素跟踪调查（Chinese Longitudinal Healthy Longevity Survey，CLHLS）② 调查了 65 岁及以上老年人和死亡老人家属在健康、生活等诸多方面的状况，本节基于 2002 年、2005 年、2008 年、2011 年和

① 面板数据中 Probit 模型和 Tobit 模型应使用随机效应模型，Logit 模型应使用固定效应模型。

② 可在官方网站（http://opendata.pku.edu.cn/）注册后下载使用。

2014 年这 5 年追踪数据构造一个数据库（ch11~14），用于第 11~14 章的案例分析。这一面板数据库包含了 14760 名 65 岁及以上中国老年人的 29619 条记录，各变量的含义及描述统计如表 11-1 所示。

表 11-1　ch11~14 数据库描述统计

变量名称	变量界定	均值	标准差	最小值	最大值
id	个体编码	—	—	—	—
year	调查年份（只有年份）	2005	3.519	2002	2014
survey	调查时间（包含年月）	—	—	—	—
*date*1	死亡时间（包含年月）	—	—	—	—
event	存活状态（0=删失，1=死亡，2=存活）	1.419	0.722	0	2
age	年龄分组（0=65~74 岁，1=75~84 岁，2=85~94 岁，3=95 岁及以上）	1.473	1.018	0	3
sex	性别（0=女，1=男）	0.454	0.498	0	1
marriage	婚姻状况（0=不婚/离婚/丧偶，1=已婚）	0.362	0.481	0	1
region	所在地区（0=东，1=中，2=西）	0.553	0.743	0	2
education	受教育程度（0=未上过学，1=小学，2=中学及以上）	0.542	0.691	0	2
income	收入是否足够生活（0=不够，1=足够）	0.791	0.407	0	1
fruit	是否经常摄入水果（1=经常，0=不经常）	0.354	0.478	0	1
vegetable	是否经常摄入蔬菜（1=经常，0=不经常）	0.870	0.337	0	1
exercise	是否经常参加锻炼（0=不参加，1=参加）	0.347	0.476	0	1
depression	总体抑郁倾向得分（连续变量），分值越高抑郁倾向越高	6.595	3.463	0	20
selfhealth	自评健康与否（0=自评健康，1=自评不健康）	0.175	0.380	0	1
ADL	日常活动能力（Activity of Daily Living，ADL）是否受限（0=自评健康，1=自评不健康）	0.222	0.415	0	1

首先执行如下命令：

程序命令
• /* 设置工作路径* /
• cd""
• /* 打开数据* /
• use ch11-14,clear
• /* 设定格式* /
• xtset id year
• /* 观察数据结构* /
• xtdes

如图 11-1 所示，数据从 2002 年至 2014 年有着共 13 年的时间跨度，样本量 $n=14760$，调查期数 $t=5$，这是一个静态短面板数据。

```
      id:  11011602, 11011700, ..., 61040602                   n =      14760
    year:  2002, 2005, ..., 2014                               T =          5
           Delta(year) = 1 unit
           Span(year)  = 13 periods
           (id*year uniquely identifies each observation)

Distribution of T_i:   min      5%     25%       50%       75%     95%     max
                         1       1       1         1         3       5       5

     Freq.  Percent    Cum. |  Pattern*
 ---------------------------+-----------
      7211    48.86   48.86 |  1....
      3475    23.54   72.40 |  11...
      1472     9.97   82.37 |  111..
      1399     9.48   91.85 |  11111
       821     5.56   97.41 |  1111.
       171     1.16   98.57 |  .1...
        46     0.31   98.88 |  1.1..
        36     0.24   99.13 |  111.1
        33     0.22   99.35 |  11.1.
        96     0.65  100.00 | (other patterns)
 ---------------------------+-----------
     14760   100.00         |  XXXXX
```

图 11-1　面板数据的数据结构

接下来，对面板数据进行描述分析（见图 11-2）。

程序命令
• /* 数据描述* /
• xtsum depression exercise age marriage fruit vegetable

Variable		Mean	Std. Dev.	Min	Max	Observations
depres~n	overall	6.595057	3.463425	0	20	N = 29619
	between		3.035466	0	20	n = 14760
	within		2.153586	-3.154943	17.19506	T-bar = 2.00671
exercise	overall	.3470745	.4760477	0	1	N = 29619
	between		.4053418	0	1	n = 14760
	within		.2960279	-.4529255	1.147075	T-bar = 2.00671
age	overall	1.473311	1.017632	0	3	N = 29619
	between		1.004713	0	3	n = 14760
	within		.3430249	.4733111	2.473311	T-bar = 2.00671
marriage	overall	.3619636	.4805765	0	1	N = 29619
	between		.4359767	0	1	n = 14760
	within		.1859246	-.4380364	1.161964	T-bar = 2.00671
fruit	overall	.3535568	.4780817	0	1	N = 29619
	between		.4145398	0	1	n = 14760
	within		.2980427	-.4464432	1.153557	T-bar = 2.00671
vegeta~e	overall	.8698133	.3365144	0	1	N = 29619
	between		.3084135	0	1	n = 14760
	within		.213055	.0698133	1.669813	T-bar = 2.00671

图 11-2　面板数据描述统计

接下来，运行如下命令来分别进行是否经常参加体育锻炼对抑郁倾向得分的固定效应回归和随机效应回归，并对两者进行 Hausman 检验。

程序命令

```
• /* 面板数据回归* /
• xtreg depression i.exercise i.age i.marriage i.fruit i.vegetable,fe
• estimates store FE
• xtreg depression i.exercise i.age i.marriage i.fruit i.vegetable,re
• estimates store RE
• hausman FE RE
```

图 11-3 是固定效应回归结果，图 11-4 是随机效应回归结果，图 11-5 是 Hausman 检验结果。图 11-3 表明 exercise 回归系数 $\beta=-0.803$，$P=0.000<0.01$，我们可以认为在 1%的统计显著性水平，经常参加体育锻炼使得老年人的抑郁倾向得分降低 0.803 分，参加体育锻炼有助于老年人的心理健康。图 11-5 表明 Hausman 检验中 $P=0.000<0.05$，故拒绝原假设，只能使用固定效应模型。

```
Fixed-effects (within) regression               Number of obs     =     29,619
Group variable: id                              Number of groups  =     14,760

R-sq:                                           Obs per group:
     within  = 0.0270                                         min =          1
     between = 0.0778                                         avg =        2.0
     overall = 0.0709                                         max =          5

                                                F(7,14852)        =      58.80
corr(u_i, Xb)  = 0.0489                         Prob > F          =     0.0000

------------------------------------------------------------------------------
  depression |      Coef.   Std. Err.      t    P>|t|     [95% Conf. Interval]
-------------+----------------------------------------------------------------
    exercise |
        参加 |  -.8030734   .0592046   -13.56   0.000    -.9191217   -.6870251
             |
         age |
  75岁~84岁  |   .1394676   .0746993     1.87   0.062    -.0069522    .2858875
  85岁~94岁  |   .3674094   .1139055     3.23   0.001     .1441405    .5906782
 95岁及以上  |   .6181949   .1770682     3.49   0.000     .2711194    .9652704
             |
    marriage |
        已婚 |  -.8621461   .0961069    -8.97   0.000    -1.050528   -.6737647
             |
       fruit |
        经常 |  -.4153049   .0593829    -6.99   0.000    -.5317027   -.2989072
             |
   vegetable |
        经常 |  -.3904685   .0830661    -4.70   0.000    -.5532884   -.2276486
       _cons |   7.402931   .1193016    62.05   0.000     7.169085    7.636777
-------------+----------------------------------------------------------------
     sigma_u |  2.9167873
     sigma_e |  2.9999333
         rho |  .48595005   (fraction of variance due to u_i)
------------------------------------------------------------------------------
F test that all u_i=0: F(14759, 14852) = 1.43                Prob > F = 0.0000
```

图 11-3　固定效应模型结果

```
Random-effects GLS regression                   Number of obs     =     29,619
Group variable: id                              Number of groups  =     14,760

R-sq:                                           Obs per group:
     within  = 0.0245                                         min =          1
     between = 0.1099                                         avg =        2.0
     overall = 0.0893                                         max =          5

                                                Wald chi2(7)      =    2339.08
corr(u_i, X)   = 0 (assumed)                    Prob > chi2       =     0.0000

------------------------------------------------------------------------------
  depression |      Coef.   Std. Err.      z    P>|z|     [95% Conf. Interval]
-------------+----------------------------------------------------------------
    exercise |
        参加 |  -1.327205   .0418871   -31.69   0.000    -1.409303   -1.245108
             |
         age |
  75岁~84岁  |   .1190968    .055497     2.15   0.032     .0103248    .2278688
  85岁~94岁  |   .0515922   .0630934     0.82   0.414    -.0720686    .1752529
 95岁及以上  |  -.2361455   .0713309    -3.31   0.001    -.3759515   -.0963395
             |
    marriage |
        已婚 |  -.9098477   .0486039   -18.72   0.000     -1.00511   -.8145859
             |
       fruit |
        经常 |  -.7633477   .0416938   -18.31   0.000    -.8450661   -.6816292
             |
   vegetable |
        经常 |  -.5349755    .058211    -9.19   0.000     -.649067   -.4208839
       _cons |   8.134136   .0768235   105.88   0.000     7.983565    8.284707
-------------+----------------------------------------------------------------
     sigma_u |  1.4077421
     sigma_e |  2.9999333
         rho |  .18046415   (fraction of variance due to u_i)
------------------------------------------------------------------------------
```

图 11-4　随机效应模型结果

```
             ---- Coefficients ----
             |      (b)          (B)            (b-B)     sqrt(diag(V_b-V_B))
             |      FE           RE          Difference          S.E.
-------------+----------------------------------------------------------------
  1.exercise |  -.8030734    -1.327205        .5241321        .0418408
         age |
           1 |   .1394676     .1190968        .0203709        .0500007
           2 |   .3674094     .0515922        .3158172         .094835
           3 |   .6181949    -.2361455        .8543404        .1620649
  1.marriage |  -.8621461    -.9098477        .0477016        .0829108
     1.fruit |  -.4153049    -.7633477        .3480427        .0422841
 1.vegetable |  -.3904685    -.5349755         .144507        .0592575
------------------------------------------------------------------------------
                           b = consistent under Ho and Ha; obtained from xtreg
            B = inconsistent under Ha, efficient under Ho; obtained from xtreg

    Test:  Ho:  difference in coefficients not systematic

                  chi2(7) = (b-B)'[(V_b-V_B)^(-1)](b-B)
                          =      263.20
                Prob>chi2 =      0.0000
```

图 11-5　Hausman 检验结果

12

结构方程模型与人口健康研究

结构方程模型（Structural Equation Model，SEM）描述了各种理论模型中观测变量和潜在变量之间的关系，为研究者定量检验研究假设提供了依据（Schumacker R E et al.，2016），常被应用于管理学、心理学和社会学领域。需要加以区别的是，与常被应用于经济学和金融学领域的联立方程模型（simultaneous equation model）相比，SEM 的优点是可以纳入潜变量、可以直接处理变量的测量误差和可以测量高阶潜变量，而缺点是基于渐进理论的 SEM 对样本量要求较大，联立方程模型则对样本量的要求更低，这也是在经济学领域 SEM 不如联立方程模型应用普遍的原因之一（贾新明等，2008）。

随着研究人员逐渐意识到需要使用多个观察变量来测量他们的研究变量，也更加关注测量工具的有效性和可靠性，加之结构方程建模在理论和实践层面的成熟以及用户友好型 SEM 软件的开发，SEM 得到了更多的应用（Schumacker R E et al.，2016）。若想更深入地学习 SEM，可参见 Schumacker R E 等（2016）、Kaplan D（2000）、Acock A（2013）和王孟成（2014）的介绍。在多个软件［如 EQS、Mplus、Mx、R、AMOS（SPSS）等］均可以进行 SEM 的分析，Stata 使用 SEM Builder 选项或命令语言来创建模型的路径图，但其作分层和多层比较时受限较多，更多信息可以参见 https：//www. Stata. com/features/structural－equation－modeling/。本章将以

Stata① 为例进行 SEM 分析介绍。

12.1 结构方程模型的设计思路与统计分析方法

12.1.1 结构方程模型的构成与建模

SEM 的主要变量有内生潜在变量 η、内生观测变量 y、外生潜在变量 ξ 和外生观测变量 x。其中，潜在变量（latent variables）是无法被直接观察或测量的变量，只能从一组观测变量里间接推断出来，而观测变量（observed variable）是被用于定义或推断出潜在变量的一组变量，SEM 可以没有潜在变量但一定要有观测变量。内生变量（endogenous variable）是受别的变量影响的变量，在模型中被以箭头指涉；外生变量（exogenous variable）是影响别的变量但不会受任何变量影响的变量，在模型中指向别的变量且不受别的变量指涉。

在模型构成上，用矩阵来表示 SEM 的一般形式如下：

$$\eta=B\eta+\Gamma\xi+\zeta \tag{12-1}$$

$$x=\Lambda_x\xi+\delta \tag{12-2}$$

$$y=\Lambda_y\eta+\varepsilon \tag{12-3}$$

其中，η 是内生潜在变量；y 是 η 的内生观测变量；ξ 是外生潜在变量；x 是 ξ 的外生观测变量；ζ、δ、ε 分别是整个 SEM 方程、外生变量、内生变量的测量误差。

SEM 一般由测量模型（measurement model）和结构模型（structural model）两部分构成。测量模型用于表示结构变量（潜在变量）之间的关系，观测变量一般不能少于 2 个，误差也是潜在变量的一种，如式（12-1）所示。结构模型则衡量了结构变量（潜在变量）与观测变量之间的关系，如式（12-2）和式（12-3）所示。

在建模上，进行 SEM 建模前，首先需要基于理论进行模型的设定，其

---

① 本章节所有命令都在 Stata16.0 软件中进行。

次是在进行样本量的确定（最低阈值控制在 100 以上）、缺失值的处理和数据分布质量的判断等数据清理工作后进行模型识别与模型估计，最后经过模型评估、模型比较与模型修正得到最终的模型。

特别地，对于模型评估，拟合优度统计量被用于衡量模型与数据的吻合状况，好的拟合优度统计量应具有不受样本量的系统影响、可以惩罚复杂模型、对误设模型较为敏感等特征（温忠麟等，2004），通过比较分析，Hu 和 Bentler（1999）推荐的 7 个指数（包括非正规拟合指数 TLI、相对拟合指数 CFI、残差分析 SRMR 和近似误差均方根 RMSEA 等），温忠麟等（2004）建议的拟合优度统计量和界值为 NNFI 和 CFI（界值为 0.9）、Mc（界值为 0.85）、RMSEA（界值为 0.08），且卡方准则在样本量低于 1000 时也值得推荐，卡方值为衡量模型估计的方差—协方差矩阵与样本之间的差异。但需要注意的是，拟合优度统计量只能衡量模型拟合状况，该指数良好并不一定意味着模型是完全无误的，模型是否可接受的评估应从方程的系数估计值可以解释、方程的 R^2 是合理的、方差值不能出现负数和相关系数绝对值小于 1 等多个方面进行抉择，模型越简洁可接受度越高。此外，若 B 模型的所有自由参数是 A 模型内同类参数的一部分，则称 B 嵌套于 A，即 B 是 A 的一个特例，B 与 A 是嵌套模型（nested models），嵌套模型可利用似然比检验（Likelihood Ratio，LR）等进行比较，对于非嵌套模型（non-nested models），赤池信息准则（Akaike Information Criterion，AIC）和贝叶斯信息准则（Bayesian Information Criterion，BIC）常被用于进行模型比较与评估，后者在数据量更大时对模型参数惩罚更多。

12.1.2 探索性因子分析与验证性因子分析

为了便于认识和理解世界，一种合理倾向即为简化与归纳。在用多个观测变量来测量一个较高维度的抽象概念时，一种简化数据与方便理解的思路即为提取多个观测变量的公因子进而得到潜在变量的某种代替，例如，从身体健康状况、心理健康状况和社会适应状况 3 个维度提取一个公因子来衡量个体健康，这个公因子测量了个体多个维度健康状况的共同变异，即因子分析（factor analysis）。可以理解为，因子分析的箭头是从观测变量指向潜在变量，Stata 中因子分析的命令为：

$$\text{factor } x_1 - x_n\text{, } method$$

其中，*method* 选项代表估计类型，默认估计类型为 pf（主因子），其他估计类型还有 pcf（主成分因子）、ipf（迭代主因子）、ml（最大似然因子）。

与因子分析相区分的是主成分分析（principal component analysis），主成分分析意在以简洁的方程式来包含数据中尽可能多的信息，以此来简化数据。可以理解为，主成分分析的箭头是从潜变量指向观测变量，Stata 中主成分分析的命令为

$$\text{pca } x_1 - x_n$$

进一步地，在因子分析方法上进行理论与实践的扩展便得到探索性因子分析（Exploring Factor Analysis，EFA）与验证性因子分析（Confirmatory Factor Analysis，CFA）。EFA 类似于以数据为本的测试阶段，无须事先对观测变量如何负荷在因子上进行假设，只需从数据中提取公因子并根据观察与分析来定义因子，而 CFA 则类似于以理论为本的实践阶段，需要在理论指导下预先确定因子含义，并以此来设定观测变量如何负荷于因子上，CFA 的一般过程与 12.1.1 中描述的模型建立过程无异，即模型设定、收集数据、数据清理、模型识别、模型估计、模型评估、模型比较与模型修正。在实践应用中有两种思路：一种是先利用 EFA 建模后再应用 CFA 进行检验与修正，另一种是参考机器学习的思路。将原始数据随机分成两份：一份是进行 EFA 的训练集，另一份是进行 CFA 的测试集。当然，后者需要在样本量允许的情况下进行。Stata 中利用 SEM 进行简单的单因子分析的命令为：

$$\text{sem } (x_1 x_2 x_3 <\!- x)$$

其中，x_1、x_2、x_3 是内生观测变量，x 是外生潜在变量。当然，这也可以在 Stata 中进行窗口操作。

12.1.3 路径分析

经济学家注重因果推断，流行病学家也对因果关系的特定例子感兴

趣，因此流行病学也致力于构建因果模型。生产、充分必要、充分成分、反事实与概率是五种被归纳出来的因果推断类别（Parascandola et al.，2001），变量间关联的时间顺序、强度、排除混杂因素、可重复性与合理性等则是进行因果推断的重要标准。

在探究因果关系情境下，实验研究是理想的因果推断情境，但限于实验研究的高昂成本与伦理要求等，研究者会在观测研究的基础上通过构建模型来后天弥补观测研究的不足，其中，路径分析（path analysis）是观测研究中探索、分析和检验变量间关系的有益分析方法。路径分析也被称为因果模型，在这里我们主要关注调节效应（moderation effect）和中介效应（mediation effect）这两种路径。

若自变量 X 对因变量 Y 的影响并不独立，而是受到别的变量的影响，即在调节变量 W 取不同值时 X 对 Y 的作用程度（大小和符号）有显著性差异，这便是调节效应（见图 12-1）。虽然交互效应（interaction effect）与调节效应在统计分析上检验方法相同，但前者没有强调调节变量，意在两两交互和相互调节，而后者区分强调了调节变量 W。

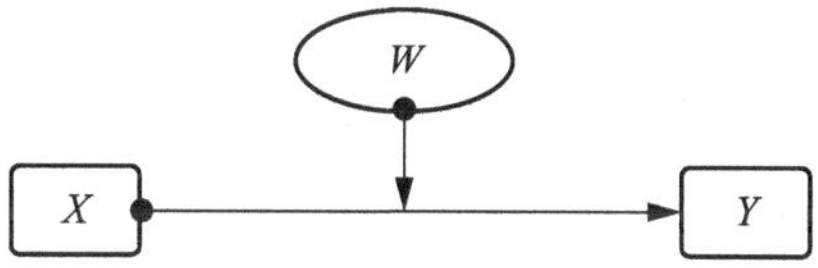

图 12-1　调节效应

一般通过纳入乘积项的方式来进行调节效应检验，Stata 中利用 SEM 进行调节效应分析的命令为：

sem（x w xw <-y）

其中，xw 是自变量 x 和调节变量 w 的乘积项，代表调节效应（交互效应），y 是因变量。

若自变量 X 对因变量 Y 的影响会通过若干个中介变量 M 来达成，这便是中介效应。在图 12-2 中，X 与 Y 之间的关系为总效应 c，路径 c' 实现的是 X 与 Y 之间的直接效应（*direct effect*），路径 a 与路径 b 联合实现的是 X 与 Y 之间的间接效应（*indirect effect*），总效应由直接效应与间接效应共同构成（$c=ab+c'$）。若路径 a、路径 b、路径 c'均存在，那么 M 之于 X 与 Y 是部分中介效应，若路径 a 和路径 b 存在而路径 c'不存在，那么 M 之于 X 与 Y 是完全中介效应。中介效应与间接效应在统计分析上检验方法相同，但前者关注 X、Y、M 三者之间的关系，强调 M 在 X 与 Y 之间起到了某种用于传递和连接的桥梁作用，而后者更关注 X 与 Y 之间的关系，强调基于统计的一种泛化关系。

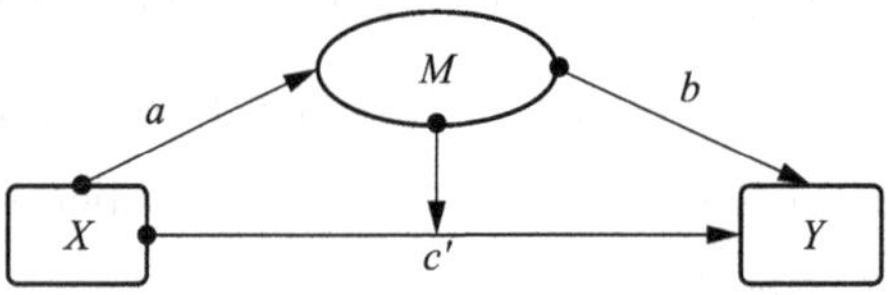

图 12-2　中介效应

进行中介效应检验的方法较多，如逐步回归检验［Bacon-Kenny 检验（Judd C M et al.，1981；Baron R M et al.，1986）］、系数乘积检验［Sober 检验（Sobel M，1982；Sobel M，1987）和 Bootstrap 检验（Preacher K J et al.，2004）］以及用于非线性概率模型的 KHB 方法（Karlson K B et al.，2011；Karlson K B et al.，2012；Breen R et al.，2013）等。但由于原有检验方法也存在弊端，如 Sober 检验要求统计量服从正态分布等，SEM 成为进行中介效应分析的更优选择（Iacobucci D et al.，2007；Zhao X et al.，2010）。在 Stata 中利用 SEM 进行中介效应分析的模型估计命令为：

```
sem (y<-xm) (m<-x)
estat teffects
```

其中，x、m、y 分别是自变量、中介变量和因变量，estat teffects 被用于计算中介效应。

Iacobucci D 等（2007）和 Zhao X 等（2010）在 Bacon-Kenny 检验（Judd C M et al.，1981；Baron R M et al.，1986）的基础上，利用 SEM 框架提出了改进检验方法。在 Stata 中使用 sem 命令后可输入 medsem① 命令进行估计：

① 首次使用需进行下载：ssc install medsem。

medsem, indep (x) med (m) indep (y) *zlc rit rid*

其中，*zlc* 选项表示使用 Zhao X 等（2010）的中介效应估计方法，无此选项则表示使用 Iacobucci D 等（2007）改进的中介效应估计方法，*rit* 表示中介效应与总效应的比值，*rid* 表示中介效应与直接效应的比值。

12.1.4 结构方程模型

SEM 从更为系统的视角对潜在变量之间、观测变量与潜在变量之间的关系同时进行估计，12.1.2 的 CFA 相当于 SEM 的测量模型部分，12.1.3 的路径分析相当于 SEM 的结构模型部分，将利用 CFA 测量得到的潜在变量和路径分析得到的结构模型进行整合，便得到 SEM。图 12-3 展示了一个简单的 SEM，其由一个结构模型（图中实线框部分）和 3 个测量模型（图中虚线框部分）构成，其中 X、M、Y 是潜在变量，M_1 和 M_2 是 M 的观测变量，X_1 和 X_2 是 X 的观测变量，Y_1 和 Y_2 是 Y 的观测变量，$\varepsilon_1 \sim \varepsilon_6$ 是测量模型的测量误差，ε_7 和 ε_8 是结构模型的测量误差。具体的 Stata 应用笔者在 12.2 节中进行介绍。

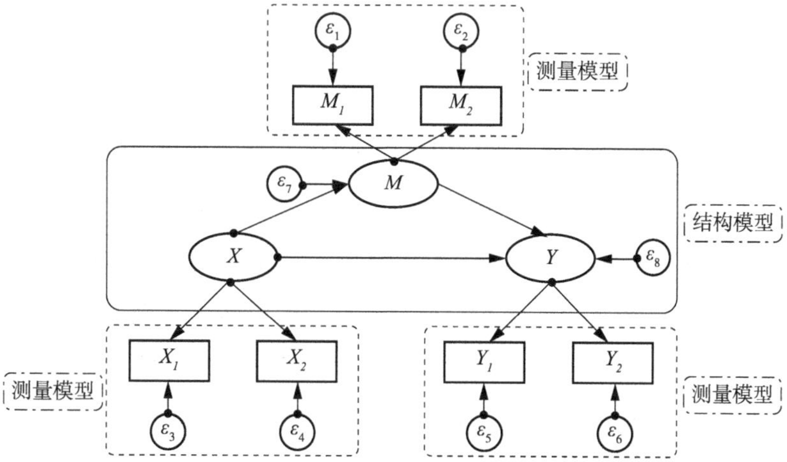

图 12-3 结构方程模型（SEM）

12.2 研究案例与 Stata 操作

本节中笔者利用源于 CLHLS① 调查构建的数据库（ch11～14②）进行 SEM 的案例分析。

在 Stata 中拟合结构方程模型时，有直接键入命令和在 SEM Builder 中绘图两种方式。在使用命令时，需要注意的是，所有以大写字母开头的变量都会被识别为潜在变量，所以笔者首先将 ADL 受限与否变量名改为小写。为了便于示例，笔者只保留 2014 年的调查数据，其中有 1470 位 65 岁及以上老年人。

程序命令

```
• /* 设置工作路径* /
• cd ""
• /* 打开数据* /
• use ch11-14,clear
• keep if year==2014
• rename ADL adl
```

接下来我们思考这样一个结构方程模型，以观测变量受教育程度（*education*）和收入是否足够生活（*income*）来测量老年人的社会经济状况（*Socioeconomic Status*，*SES*）这一潜在变量，以观测变量是否经常参加锻炼（*exercise*）、是否经常摄入水果（*fruit*）和是否经常摄入蔬菜（*vegetable*）来测量生活方式（*lifestyle*）这一潜在变量，以观测变量自评健康与否（*selfhealth*）、抑郁倾向得分（*depression*）和 ADL 受限与否（*adl*）来测量个体健康（*health*）这一潜在变量，并考察生活方式是否能够在社会经济状况（*SES*）与个体健康（*health*）的关联中起到中介作用。需要指出的

① 可在官方网站（http：//opendata.pku.edu.cn/）注册后下载使用。

② 对这个案例数据库的介绍可参见第 11 章“11.2 研究案例与 Stata 操作”部分。

是，在使用结构方程模型 SEM 时，观测变量须是连续变量且模型是线性回归，而在使用广义结构方程模型 gsem 时，观测变量可以是连续的、二进制的、序数的、计数的或多项式的，模型也可以是线性回归、伽马回归、Logit 回归、Probit 回归等。考虑到这一结构方程模型的多个观测变量都是二分类的，笔者使用广义结构方程模型 gsem 命令。下方的命令和图 12-4 分别展示了命令语法和 SEM Builder 中绘制的图形。

程序命令

```
• gsem ///
• (exercise fruit <- LifeStyle)/// measurement piece
• (selfhealth depression <- Health)/// measurement piece
• (LifeStyle <- SES)/// structural piece
• (Health <- LifeStyle SES)/// structural piece
• (SES -> education income)// measurement piece
```

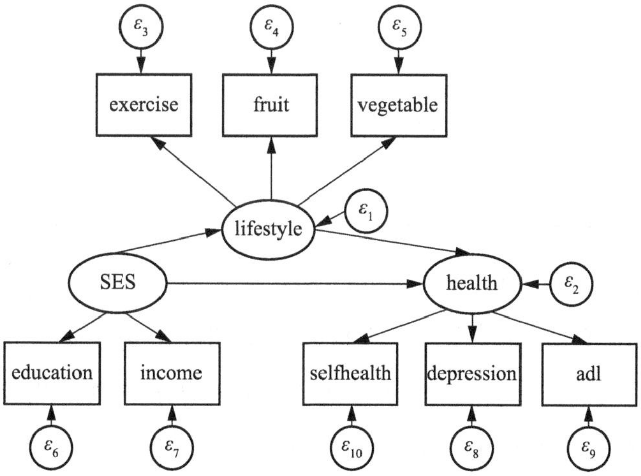

图 12-4　在 SEM Builder 中绘制结构方程模型

上述模型在实际操作中存在收敛时间过长而无法收敛的问题，可能原因是无法识别或初始值较差。此类问题的潜在解决方法包括：

（1）改善初始值；

（2）简化模型以得到较优的初始值来拟合复杂模型；

（3）尝试指定多种选项以得到可以成功拟合模型的初始值，考虑到结构方程模型本身就是试错的过程，只要能得到预期模型，研究者是否能够理解软件在加了各种选项后的具体运行过程在某种程度上显得并不那么重要。

笔者单独测试每个测量模型和结构模型后发现，以观测变量受教育程度和收入是否足够生活来测量老年人的社会经济状况（SES）潜在变量的测量模型在运行后会弹出“initial values not feasible”提示，即目前测量SES的观察变量或许不能很好地识别个体的社会经济状况，因为SES还与退休前工作类型、此时是否有工作等多种因素有关。

为了便于应用，笔者考虑上述结构方程模型的简化形式，即单独考虑生活方式与健康的关系。同样由于多个观测变量是二分类的，笔者利用广义结构方程模型gsem运行命令如下：

程序命令

```
• /* 简单 GSEM* /
• gsem ///
• (exercise fruit vegetable<- LifeStyle)/// measurement piece
• (selfhealth depression adl<- Health)/// measurement piece
• (Health <- LifeStyle)// structural piece
```

结果如图12-5所示，*exercise*、*fruit*和*vegetable*与*lifestyle*构成的正向关联表明经常参加锻炼、经常摄入水果和经常摄入蔬菜指向了更健康的生活方式，*selfhealth*、*depression*和*adl*与*health*构成的正向关联表明自评不健康、抑郁倾向得分较高、*adl*受限指向了更差的健康状况，最后*lifestyle*与*health*构成的负向关联表示更健康的生活方式会抑制健康状况变差。

Log likelihood = -7538.182

(1) [exercise]LifeStyle = 1
(2) [selfhealth]Health = 1

	Coef.	Std. Err.	z	P>|z|	[95% Conf.	Interval]
exercise						
LifeStyle	1	(constrained)				
_cons	.3503401	.0124431	28.16	0.000	.3259521	.3747282
fruit						
LifeStyle	.643619	.1002412	6.42	0.000	.44715	.8400881
_cons	.3693878	.0125882	29.34	0.000	.3447153	.3940602
vegetable						
LifeStyle	.4050235	.0638473	6.34	0.000	.2798851	.5301618
_cons	.8931973	.0080558	110.88	0.000	.8774083	.9089863
selfhealth						
Health	1	(constrained)				
_cons	.1823129	.0100703	18.10	0.000	.1625754	.2020504
depression						
Health	10.58261	1.120905	9.44	0.000	8.385681	12.77955
_cons	6.133333	.0920252	66.65	0.000	5.952967	6.313699
adl						
Health	.5657238	.0837937	6.75	0.000	.4014911	.7299566
_cons	.207483	.0105764	19.62	0.000	.1867537	.2282123
Health						
LifeStyle	-.6540687	.0942636	-6.94	0.000	-.8388221	-.4693154
var(e.Health)	.0147194	.004617			.0079597	.0272199
var(LifeStyle)	.0558858	.0095042			.0400445	.0779939
var(e.exercise)	.1717161	.0100043			.1531862	.1924874
var(e.fruit)	.20979	.008903			.1930464	.2279859
var(e.vegetable)	.0862282	.0036304			.0793984	.0936454
var(e.selfhealth)	.1104472	.0058986			.0994707	.1226349
var(e.depression)	8.122902	.5580104			7.099653	9.293629
var(e.adl)	.1520712	.0060676			.1406322	.1644408

图 12-5　广义结构方程模型结果

13

生存分析与人口健康研究

生存分析（survival analysis）是对事件是否发生、何以发生以及为何发生等进行分析的统计方法，分析对象一般为事件持续时间（time to event），如疾病流行持续时间、个体存活时间、产品寿命等。这一方法除了在生物统计和健康领域中有深入应用，在其他多种学科也有广泛使用，并被冠以不同的名称，如经济学中的久期分析（duration analysis）或转换分析（transition analysis）、社会学中的事件史分析（even history analysis）、人口学中的生命表分析（life table analysis）、工程领域的可靠性分析（reliability analysis）或故障时间分析（failure-time analysis）、保险领域的风险分析（hazard analysis）等。

本章将对生存分析的设计思路与统计分析方法进行介绍，并辅以人口健康研究案例的 Stata① 实际操作，对这一方法的深入学习可参阅 Allison P D（1984）、Machin D 等（2006）、Cleves M 等（2010）和 Mills M（2011）所著书目。

13.1 生存分析的设计思路与统计分析方法

13.1.1 生存分析的基本概念、设定与描述

本节中笔者首先介绍一些基本概念，这是接下来进一步学习生存分析

① 本章所有命令都在 Stata16.0 软件中进行。

的基石。

事件（*event*）：生存分析研究的事件可以是某种质变（如失效或结婚），也可以是随着时间会发生急剧变化或越过某一阈值的量变。

删失（*censoring*）：生存分析的分析数据通常存在删失状况，右删失（*right censoring*）是指仅知道观测变量取值大于某一固定值；这通常发生于在研究的时间段内尚未发生某一事件、受访者/被试退出调查/实验、研究者无法追踪到受访者/被试等情况；左删失（*left censoring*）是指仅知道观测变量取值小于某一固定值；区间删失（*interval censoring*）是指仅知道观测变量取值位于某一区间内。其中，右删失是最为常见的一种类型，右删失又可以分为一类删失、二类删失和随机删失。一类删失是指事件在观测期后发生，二类删失是指研究者在观测到特定数量的事件发生后便停止观测，随机删失则是指因各种不可控原因而停止观测，如受访者/被试不愿继续接受调查/实验、受访者/被试失效等。

起点（*origin of time*）：生存分析会将锚定的事件发生风险起点作为分析时间（*analysis time*）的起点，这通常与研究主题以及数据可得性有关，分析时间与用以度量数据中真实个体时间流逝的尺度［日历时间（*calendar time*）］可以相同也可以不同。

Stata 中对生存分析的数据格式设定如下：

stset timevar，id（idvar）failure（failvar）*origin*（*time originvar*）

其中，*timevar* 是指事件持续时间，*id*（*idvar*）是指个体 ID；*failure*（*failvar*）是指删失虚拟变量（事件发生=1，删失=0），可选项 *origin*（*time originvar*）可用于自定义风险起始时间。运行 stset 命令后会自动产生 4 个变量，_ *t*0 和_ *t*1 用于标识每条记录以_ *t*0 为起点且以_ t1 为终点的时间跨度（*span*）；_ *d* 用于标识时间跨度结束时的事件状态（事件发生赋值为 1，反之则为 0）；_ *st* 用于标识每条记录在当前分析中是否相关（会使用的有效观测值赋值为 1，反之则为 0）。在分析时间内的生存分析将基于这 4 个变量进行。

Stata 中对数据进行基础描述的命令有：

stdes

stsum

stci，*stci_ option*

其中，stdes 用于描述数据概况；stsum 用于描述数据特征；stci 用于计算生存时间的平均值和百分位数的置信区间；*stci_ option* 默认选项 median 用于计算常用的生存时间中位数（median survival time）；rmean 用于计算以最长随访时间为限的平均生存时间；emean 用于计算通过指数延长生存曲线至零值后的平均生存时间。

Stata 中检验不同组别的生存函数的等价性的命令有：

sts testx，*test_ option*

其中，*test_ option* 默认选项 logrank 运行 log-rank 检验；cox 运行 Cox 检验；wilcoxon 运行 Wilcoxon-Breslow-Gehan 检验；tware 运行 Tarone-Ware 检验；peto 运行 Peto-Peto-Prentice 检验；fh（p q）运行广义 Fleming-Harrington 检验。所有检验的原假设都是各组别事件发生风险相等，若拒绝原假设，则说明事件发生风险有差异。当风险不相等而是成比例时 log-rank 检验最为有效。

Stata 中还可以用生命表（life table）方法进行描述统计，这适用于在确定时间段内发生变化的事件，13.2 的 Kaplan-Meier（K-M）法适用于在确切时间点发生变化的事件：

ltable timevar *deadvar*，*graph survival failure hazard test*

其中，timevar 指定事件发生或删失的时间；可选项 *deadvar* 指定时间变量中记录的时间的解释方式；*graph* 表示可视化生命表；*survival* 呈现生存表；*failure* 呈现累积失效表；*hazard* 呈现风险表；*test* 报告组间差异的卡方检验。

生存分析方法相较于传统回归模型的优势在于存在删失数据和时变变量的情境，接下来笔者对非参数模型、参数模型和半参数模型进行介绍。

13.1.2　非参数模型

非参数模型（nonparametric model）不对模型的具体分布作任何假设，

不需要估计未知参数，也不需要考虑协变量的影响，笔者用非参数模型来对事件发生状况进行描述分析。

假设时间 T 是描述了事件持续时间的非负随机变量，$f(t)$ 是 T 的概率密度函数（probability density function），那么 $F(t)=Probability(T<t)$ 是 T 的累积分布函数（cumulative distribution function），也可以称 $F(t)$ 为失效函数（failure function），含义是截至时间 t 时失效的概率。$S(t)=1-F(t)=Probability(T>t)$ 是生存函数（survivor function），含义是个体存活超过时间 t 的概率，在存在删失状况时常用 K-M 法对其进行估计。$h(t)=\frac{dF(t)}{dt}=\frac{d[1-S(t)]}{dt}=-S'(t)$ 是风险函数（hazard function），含义是在给定时间区间内事件发生的概率。$H(t)=\int_0^t h(u)du$ 是累积风险函数（cumulative distribution function），含义是截止时间 t 时累积的全部风险。$f(t)$、$F(t)$、$S(t)$、$h(t)$ 和 $H(t)$ 这 5 个函数之间可以互相转换。

Stata 中列出生存函数或累积风险函数的命令为：

sts list，*options*

其中，*options* 的默认选项为 survival，可报告 K-M survivor 风险函数；failure 报告 K-M 失效函数；cumhaz 报告 Nelson-Aalen 累积风险函数。

Stata 中绘制生存曲线、风险曲线或累积风险曲线的命令为：

sts graph，*options*

其中，*options* 的默认选项为 survival，可绘制 K-M 生存曲线；failure 绘制 K-M 失效曲线；cumhaz 绘制 Nelson-Aalen 累积风险曲线；hazard 绘制风险曲线。

13.1.3 参数模型

参数模型（parametric modeling）假设总体服从某个分布，利用最大似然法对模型的未知参数进行估计，这适用于事件多次发生的情形。参数模型假设随时间变化个体变化规律相同，即风险比（Hazard Ratio，HR）保持不变，有比例风险模型（Proportional Hazards Model，PH）和加速失效时间模型（Accelerated Failure-time Model，AFT）两种形式，PH 关注自变量对风险函数的影响，所得系数β可以经 e^{β} 换算为风险比，意为自变量每增加 1 个单位，风险变为原来的（$100\times e^{\beta}$）%，或者说风险减少了 $100\times(1-e^{\beta})$%，AFT 关注自变量对平均存活时间的影响，所得系数 α 意为自变量每增加 1 个单位，平均存活时间增加的百分比，进一步进行换算得到$\frac{1}{e^{\alpha}}$为时间比（Time Ration，TR）。

参数模型的不同风险函数对应不同的分布，按照风险随着时间变化的规律有以下几种形式：

（1）指数模型（exponential model）：假设基准风险不随时间变化；

（2）威布尔模型（weibull model）：假设基准风险随时间变化（风险与时间是指数关系）；

（3）冈布茨模型（gompertz model）：假设基准风险随时间变化（风险与时间是幂关系）；

（4）对数正态模型（lognormal model）：假设基准风险可以有峰值；

（5）对数 Logistic 模型（loglogistic model）：假设基准风险可以有峰值也可以没有峰值；

（6）广义伽马分布模型（ggamma model）：假设基准风险可以有双峰值。

其中，只有指数模型和威布尔模型既属于 PH 又属于 AFT，指数模型的 PH 和 AFT 的系数绝对值相等而符号相反，威布尔模型的 PH 和 AFT 系数有联系。冈布茨模型只有 PH 形式，对数正态模型、对数 Logistic 模型和广义伽马模型均只有 AFT 形式。

在最优模型的选择上，对于嵌套模型（nested models），即一个模型的所有自由参数是另一个模型内同类参数的一部分，可以使用 Wald 检验或似然比检验（Likelihood Ratio，LR）等，若无显著差异则选择最简单的模型，对于非嵌套模型（non-nested models），可利用赤池信息准则（Akaike Information Criterion，AIC）进行模型比较，选择 AIC 值最小的模型。

Stata 中的参数模型命令为：

streg x，*distribution*（*options*）*time nohr vce*（*vcetype*）

其中，*distribution*（*options*）表示估计所假定的概率分布，可选择的有 exponential（指数分布）、weibull（威布尔分布）、gompertz（冈布茨分布）、lognormal（对数正态分布）、loglogistic（对数 Logistic 分布）、ggamma（广义伽马分布）；默认为比例风险模型，*time* 表示利用加速失效时间模型；*nohr* 表示报告系数而非风险比；*vcetype* 表示标准误类型可以是传统的、稳健的（robust）、聚类到某一层次的（cluster id），也可以通过自助法（bootstrap）获得。

Stata 在进行参数模型回归或者 13.1.4 节的 Cox 回归后，绘制生存函数、风险函数、累积风险函数和累积发生率函数的命令为：

stcurve，*survival hazard cumhaz cif at*（*x*1 = # *x*2 = #...）

其中，*survival* 表示绘制生存函数，*hazard* 表示绘制风险函数，*cumhaz* 表示绘制累积风险函数，*cif* 表示绘制累积发生率函数；*at*（*x*1 = # *x*2 = #...）表示在变量 x1 和 x2 取值为确定值而别的协变量取均值处绘图，若忽略 *at* 选项则表示在所有协变量均值处绘图，而这在协变量为二分类变量时没有意义。

此外，离散时间模型（discrete time model）适用于区间删失情形（离散数据中），所用命令依然为 streg，但需要利用 stsplit 命令在合适的时间点对数据进行切割。

13.1.4 半参数模型

半参数模型（semiparametric model）为同时考虑了非参数模型和参数模型的折中方法，在这里我们关注 Cox 比例风险模型（Cox proportional hazard model）。在参数模型对风险函数的形式设定正确时，参数模型是有效的，但若设定不正确则其无法产生一致估计，而 Cox 模型放松了不同个体的风险函数之比不随时间变化这一严格设定，研究者不需要估计基准风险函数的形式。当不存在协变量时，Cox 回归等半参数方法可以产生与非参数方法一致的一些估计。实际应用时可以将参数模型与 Cox 模型进行比较，若差距较大，则说明参数模型的基准模型有问题。

Cox 模型需要关注两个问题：一个是失效时间是否有所重叠；另一个是比例风险假设是否满足。

当失效时间有所重叠（ties）时，需要用不同的方法对此进行处理。Exact 方法又称精确边际（Exact-marginal）法，其假设同时发生的事件仍然有先后顺序，较为耗费时间。Exact 方法有两种替代方法：一种是在当风险组中的失效数量相较于风险组本身的规模较小时很有效的 Breslow 方法，另一种是近似代替结果优于 Breslow 方法的 Efron 方法。Discrete 方法又称精确部分（Exact-partial）法，其假设事件的确同时发生。当没有或几乎没有失效时间重叠数据时，四种方法结果差不多，但当失效时间重叠数据较多时，Exact 方法和 Discrete 方法更为准确。

Stata 中 Cox 模型的命令为：

cox x，*breslow exactm exactp efron nohr vce*（*vcetype*）

其中，默认选项 *breslow* 表示利用 Breslow 方法处理失效时间重叠数据，*exactm*、*exactp* 和 *efron* 分别表示利用 Exact 方法、Discrete 方法和 Efron 方法来处理重叠数据；*nohr* 表示报告系数而非风险比；*vcetype* 表示标准误类型可以是传统的、稳健的、聚类到某一层次的，也可以是通过自助法获得。

对于比例风险假设的检验，可以使用三种方法。第一种方法是纳入关键变量与时间变量的交互项，若交互项不显著异于 0，则说明效应不随时间改变，比例风险假设得到满足，除了可以直接纳入时变协变量与时间变量的交乘项，Stata 也提供了更为便捷的命令：

stcoxx1 x2，tvc（x1 x2）texp（_ t）

test [tvc]

其中，tvc（x1 x2）表示随时间变化的协变量；texp（exp）表示与时变协变量交互的时间变量，默认选项为 texp（_ t）。

第二种方法是基于 Schoenfeld 残差的检验，若随着时间变化，残差没有出现规律性变化，则说明比例风险假设得到满足，Stata 的命令为：

stcox x1 x2

estat phtest，*detail*

第三种方法是利用图示式，若对数—对数图（log-log plot）中的曲线互相平行，或观测—预测图（observed versus expected plot）中观测曲线与预测曲线基本吻合，则说明比例风险假设得到满足，这两幅图在 Stata 中的命令分别为：

stphplot，by（x）

stcoxkm，by（x）

13.2 研究案例与 Stata 操作

本节笔者利用源于 CLHLS 调查的数据库（ch11~14）进行生存分析的案例分析。由于这是一个对 65 岁及以上老年人的追踪调查，在这个过程中会不断有老人去世（退出研究队列），笔者此处将死亡作为关注的核心事件，由变量 *event* 来说明（0=删失，1=死亡，2=存活），此外，*survey* 代表调查时间（包含年月），*date*1 代表死亡老人的死亡时间。进一步地，日常活动能力是老人进行日常生活的重要基础，我们重点关注日常活动能力是否受限对老年人寿命（存活状态）的影响。

首先在进行生存分析时，我们需要利用“snapspan”命令将原本的面板数据转换为时间跨度数据。运行如下命令：

程序命令

```
• /* 设置工作路径* /
• cd ""
• /* 打开数据* /
• use ch11-14,clear
• /* 把数据转换为时间跨度数据* /
• snapspan id date1 event,gen(date0)replace
• order date0,before(date1)
```

如图 13-1 所示，在进行数据转换后，增加了一个“date0”变量，举例来说，其含义是若个体在调查时间 2008 年 10 月存活，那么其上一个调查时间 date0 是 2005 年 4 月，即“*date*0”和“*date*1”两个变量共同构成了一段调查期间的“首”和“尾”。

id	year	survey	date1	event	age
11011602	2002	2002m6	2004m6	死亡	85~94岁
11011700	2002	2002m4	2005m4	存活	75~84岁
11011700	2005	2005m4	2008m10	存活	85~94岁
11011700	2008	2008m10	2011m5	死亡	85~94岁
11011800	2002	2002m4	2005m1	死亡	85~94岁
11011902	2002	2002m4	2005m1	删失	85~94岁

⇩

id	year	survey	date0	date1	event	age
11011602	.	.	.	2004m6	死亡	.
11011700	.	.	.	2005m4	存活	.
11011700	2002	2002m4	2005m4	2008m10	存活	75~84岁
11011700	2005	2005m4	2008m10	2011m5	死亡	85~94岁
11011800	.	.	.	2005m1	死亡	.
11011902	.	.	.	2005m1	删失	.

图 13-1　从快照数据（snapshot data）到时间跨度数据（time-span data）

接下来设定生存分析的数据结构并观察数据结构，运行如下命令后会得到图 13-2：

程序命令

```
• /* 设定格式* /
• stset date1, id(id) time0(date0) origin(time date0) failure
  (event==1)
• /* 观察数据结构* /
• stdes
```

```
      failure _d:  event == 1
analysis time _t:  (date1-origin)
          origin:  time date0
              id:  id
```

Category	total	per subject mean	min	median	max
no. of subjects	7368				
no. of records	14858	2.016558	1	2	4
(first) entry time		0	0	0	0
(final) exit time		66.52389	1	44	171
subjects with gap	0				
time on gap if gap	0	.	.	.	.
time at risk	490148	66.52389	1	44	171
failures	3970	.5388165	0	1	1

图 13-2　生存分析数据结构

具体分析时，我们首先来看分 ADL 受限与否的生存时间中位数，运行如下命令：

程序命令

```
• /* 分 ADL 受限与否的生存时间中位数* /
• stci,by(ADL)
```

得到的图 13-3 表明，ADL 受限与 ADL 不受限的老年人的生存时间中位数分别为 43 个月（3.6 年）和 93 个月（7.8 年），初步来看，ADL 受限对老年人的寿命有较强的抑制作用。

ADL	no. of subjects	50%	Std. Err.	[95% Conf.	Interval]
ADL不受限	6536	93	1.662276	90	96
ADL受限	1447	43	2.236623	39	49
total	7368	84	1.651183	81	88

图 13-3　分 ADL 受限与否的生存时间中位数

接下来运行 log-rank 检验，来看 ADL 受限与 ADL 不受限的两类老人的生存时间是否有统计学差异，运行如下命令：

程序命令
• /* log-rank 检验* / • sts test ADL

图 13-4 表明，log-rank 检验的 P 值等于 0.000，小于 0.05，我们可以说两类老人的存活时间差异在统计学上有显著差异。

Log-rank test for equality of survivor functions

ADL	Events observed	Events expected
ADL不受限	3231	3581.88
ADL受限	739	388.12
Total	3970	3970.00
	chi2(1) =	358.49
	Pr>chi2 =	0.0000

图 13-4 log-rank 检验

接下来进行 Cox 回归，我们需要纳入控制变量（包括 *age*、*sex*、*marriage*、*education*、*fruit*、*vegetable*、*self health*）以提高分析的准确性，对 ties 数据选择 efron 处理方式，回归后进行 Schoenfeld 残差检验，以看其是否符合比例风险假设，运行如下命令：

程序命令
• /* Cox 回归* / • stcox i.ADL i.age i.sex i.marriage i.education i.fruit i.vegetable i.selfhealth,efron • estat phtest,detail

从图 13-5 中可以看出，ADL 对生存状态的 Cox 回归的 $HR=1.32$，95%的置信区间也不包括 0，可以认为 ADL 受限者比 ADL 不受限者死亡风险高 32%（$HR=1.32$，95% CI：1.22~1.44）。

```
No. of subjects =        7,368                  Number of obs    =     14,858
No. of failures =        3,970
Time at risk    =       490148
                                                LR chi2(11)      =    1991.69
Log likelihood  =   -31668.177                  Prob > chi2      =     0.0000
```

_t	Haz. Ratio	Std. Err.	z	P>|z|	[95% Conf.	Interval]
ADL						
ADL受限	1.32448	.0577496	6.45	0.000	1.215994	1.442644
age						
75岁~84岁	2.133233	.1172813	13.78	0.000	1.915317	2.375942
85岁~94岁	4.360555	.2445528	26.26	0.000	3.906644	4.867205
95岁及以上	7.344507	.4730403	30.96	0.000	6.473498	8.332711
sex						
男	1.391904	.0529095	8.70	0.000	1.291972	1.499565
marriage						
已婚	.8379409	.0325442	-4.55	0.000	.7765228	.9042168
education						
小学	.9537814	.0379272	-1.19	0.234	.8822685	1.031091
中学及以上	.7610865	.0461328	-4.50	0.000	.6758323	.8570952
fruit						
经常	.8996376	.0317286	-3.00	0.003	.8395514	.9640242
vegetable						
经常	1.005011	.0493392	0.10	0.919	.9128152	1.10652
selfhealth						
自评不健康	1.224724	.0538471	4.61	0.000	1.123605	1.334943

图 13-5 Cox 回归结果

图 13-6 显示了 Schoenfeld 残差检验结果，由于总体检验 P 值等于 0.07 大于 0.05，可以认为在 0.05 水平没有拒绝 Schoenfeld 残差对时间回归的斜率为 0 的原假设，故总体支持比例风险假定。但单独来看，ADL 和 age 两个变量并不满足比例风险假设。

最后我们分 ADL 受限与否绘制 K-M 生存曲线，scheme（tufte）是一种关于图形绘制的颜色等搭配的整体性方案，运行如下命令：

程序命令

```
• sts graph,by(ADL)plot2opts(lp("-"))plot2opts(lp("-"))risktable(,order(1 "——" 2 "------")failevents rowtitle(,justification(left)) title(`"{fontface "宋体":面临风险的人数}"' ,at(rowtitle)))legend(label(1 `"{fontface "宋体":ADL不受限}"' )label(2 `"{fontface "宋体":ADL受限}"' )rows(1)ring(1)position(12))scheme(tufte)title("")xtitle(`"{fontface "宋体":分析时间(月)}"' )ytitle(`"{fontface "宋体":生存概率}"' )
• graph export "p1.png",as(png)replace width(800)height(600)
```

Test of proportional-hazards assumption

Time: Time

	rho	chi2	df	Prob>chi2
0b.ADL	.	.	1	.
1.ADL	0.03658	5.54	1	0.0186
0b.age	.	.	1	.
1.age	-0.03869	6.05	1	0.0139
2.age	-0.02011	1.63	1	0.2015
3.age	-0.02791	3.18	1	0.0743
0b.sex	.	.	1	.
1.sex	0.01949	1.48	1	0.2230
0b.marriage	.	.	1	.
1.marriage	-0.02392	2.29	1	0.1299
0b.education	.	.	1	.
1.education	-0.01272	0.64	1	0.4247
2.education	0.00378	0.06	1	0.8105
0b.fruit	.	.	1	.
1.fruit	-0.01577	1.00	1	0.3174
0b.vegetable	.	.	1	.
1.vegetable	-0.01031	0.43	1	0.5123
0b.selfhea~h	.	.	1	.
1.selfhealth	0.00285	0.03	1	0.8563
global test		18.37	11	0.0734

图 13-6 Schoenfeld 残差检验

从图 13-7 中可以明显看到，ADL 受限者比 ADL 不受限者生存概率更低。

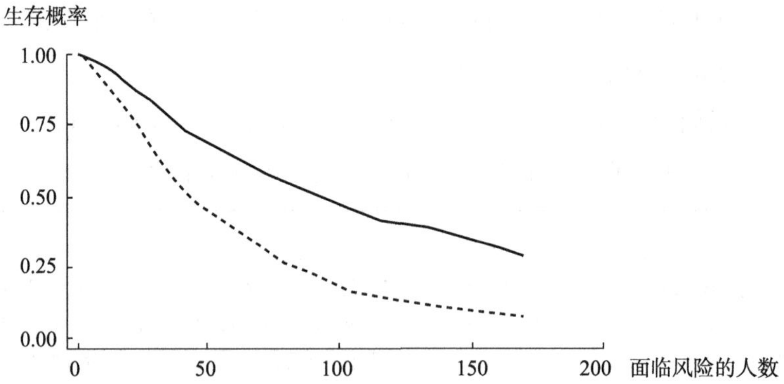

—— 6341（1806）3235（923） 1850（436） 1023（66） 0

······ 1027（502） 306 （149） 78 （77） 111 （11） 0

——ADL不受限 ······ADL受限

图 13-7 不同 ADL 状况人群死亡风险的 K-M 生存估计

14

贝叶斯估计与人口健康研究

贝叶斯估计（bayesian estimation）是基于贝叶斯定理（Bayes' Theorem）而发展起来、用于系统地阐释和解决统计问题的方法（Kotz S et al.，2000）。随着计算方法的迅速发展以及马尔科夫链蒙特卡罗（Markov Chain Monte Carlo，MCMC）方法的应用，贝叶斯分析得到了越来越广泛的应用。

本章将基于 Stata 对贝叶斯估计与人口健康研究的设计思路与统计分析方法、研究案例与 Stata① 操作进行介绍，更深入的相关学习资源可参考 Kotz S 等（2000）、Congdon P（2003）、Bolstad W M（2007）、Bolstad W M（2010）、Gelma A 等（2014）的介绍。除 Stata 外，R 与 Python 也是进行贝叶斯数据分析的较优工具，可参见吴喜之（2020）的介绍。

14.1 贝叶斯估计的设计思路

14.1.1 贝叶斯估计简介

贝叶斯学派（bayesian school）认为万物皆随机，而古典学派（classical school）又名频率学派（frequency school）或 Fisher 学派（fisher school），认为一切数值都是确定的。这两种观点对概率（probability）的理解有所不

① 本章节所有命令都在 Stata16.0 软件中进行。

同，前者认为概率是对不确定的一种表达，而后者认为概率是相同试验重复若干次后的长期性质。两种观点的差别也可从其各自对置信区间的理解中看出，例如，对于参数 θ，若其 95%（后验）置信区间为（1.2，1.6），贝叶斯学派会将其解释为参数 θ 是随机变量，其落在区间（1.2，1.6）的可能性为 95%；而古典学派的解释是真实的参数 θ 是确定而又未知的，重复进行 100 次随机抽样会有 95 次的置信区间覆盖 θ。

相较于传统的统计方法，贝叶斯估计的优势体现在：其一，贝叶斯估计可以尽可能地充分利用历史可得信息来更新知识，传统估计方法以样本的分布来对总体进行统计推断，将总体分布及其参数视为有确定的和未知的，但真实世界的复杂与多变往往会对这一假设提出挑战，而贝叶斯估计并不会把总体分布及参数看作固定值，而是以动态的视角视其为随机变量，其会随着数据的更新而不断更新；其二，贝叶斯估计摒弃了 P 值这一受到越来越多批评的度量标准，传统统计方法中的 P 值并不是统计推断系统的一部分，所以 P 值其实并不好理解。自 1940 年以来，大量论文和书籍都指出 P 值的推论含义被广泛而疯狂地误解了这一事实（Goodman S，2008），而这些对 P 值的误解中危害最严重的莫过于忽视额外证据与内在合理性机制的“唯 P 值论”。学者建议破除“P 值暴政”而考虑 P 值之外的因素（如结果证据的确定性、净效益、经济考虑、价值和偏好等）（A Ciapponi 等），2019 年，Valentin Amrhein、Sander Greenland、Blake McShane 联合 800 多名签署者在科学杂志上呼吁停止使用 P 值以避免其可能产生的不良影响（Valentin et al.，2019），而贝叶斯估计中的贝叶斯因子（bayes’ factor）则具备所有 P 值缺乏的良好性质（如可理解性）。

14.1.2 贝叶斯定理

贝叶斯估计旨在利用所有能用的知识，其核心为贝叶斯定理，即将先验信息与样本数据协调整合为后验信息，后验信息又成为下一轮估计的先验信息，如此反复。先验信息是将先验分布作为形式的量化信息，观察到的数据表达为似然函数，涉及决策的信息则是在选择损失函数时使用，笔者考虑如下公式：

$$f(\theta \mid Y)=\frac{P(Y \mid \theta)p(\theta)}{P(Y)}=\frac{P(Y \mid \theta)p(\theta)}{\int P(Y \mid \theta)p(\theta)d\theta'} \tag{14-1}$$

其中，$p(\theta)$ 是在获得数据 Y 之前已有的关于 θ 的非条件分布，即先验分布（Prior Distribution）；$P(Y \mid \theta)$ 是在给定 θ 后数据的概率；$f(\theta \mid Y)$ 是在观察数据 Y 后得到的关于 θ 的分布，即后验分布（posterior distribution），又可称呼其为修正的先验分布（revised prior distribution），也就是说，我们在获得数据证据后通过一个似然函数来更新 θ 的先验分布。

贝叶斯估计引起的对先验分布的争议体现在，若先验知识是正确的，那么数据的佐证会有助于得出有用的结论，若先验信息几乎无法提供有用信息，那么后验分布基本与似然函数成比例，即后验分布的模式成了对 θ 的最大似然估计；而若先验信息是主观模糊的，那么不管数据如何，结论都是错误且无益的。先验分布的主观性是贝叶斯估计常被古典学派被批判的地方，但事实上，古典学派中统计检验的显著性水平的选择也是在进行检验之前的知识与经验，亦有主观之嫌（傅军和，2008），就这一点而言，贝叶斯学派也可批评后者的主观性。

14.1.3 贝叶斯估计的先验分布

鉴于上述针对先验分布的质疑，如何选择先验分布是一个需要重点考虑的问题。一种选择是非主观先验分布（non-subjective prior）或者无信息先验分布（non-informative prior），其被认为几乎没有携带信息，但事实上大多数非主观先验分布仍然可能包含若干信息，非主观先验分布包括杰弗里先验分布（Jeffreys' prior）、参照先验分布、概率匹配先验分布等。别的选择还有最大数据信息先验分布（Maximal Data Information Prior，MDIP）、指数族的共轭似然分布（conjugate likelihood distribution of exponential family）和基于专家知识的主观先验分布（subjective prior distribution based on expert knowledge）等。

14.2 贝叶斯估计的统计分析方法

使用贝叶斯估计的过程可以分为选择一个先验分布、设定模型、选择一个似然函数、设定先验分布、设定种子以使计算可重复、计算后验分布、分析后验分布等步骤。整个过程的难点在于对后验分布的计算与分析。后验分布的参数多为高维的复杂分布，计算难度较大，而 MCMC 方法的应用将原本更常用于低维问题的贝叶斯估计推广到了高维问题，扩大了贝叶斯估计的应用范围。MCMC 方法即为使用马尔科夫链的蒙特卡罗积分，基本思路为构造马尔科夫链、利用马尔科夫链产生样本和进行蒙特卡罗积分（朱新玲，2009）。目前常用的马尔科夫链蒙特卡罗方法主要有 Metropolis-Hastings（M-H）算法和 Gibbs 抽样两种，其均可在 Stata 中得到实现。

在 Stata 中可通过内置的自适应的 M-H 算法来拟合各种贝叶斯模型，其提供了多种似然函数和先验分布供使用者选择，Stata 中进行基于 M-H 算法的贝叶斯估计的命令为：

bayesmh y，likelihood（*likelihood_ options*）*prior*（{*eqname*：*param*}，*priordist*）*rseed*（#）

其中，似然函数 likelihood（*likelihood_ options*）和先验分布 prior（{*eqname*：*param*}，*priordist*）是必选项。*likelihood_ options* 可选择的回归类型有 normal（var）（正态回归）、t（sigma2，df）（t 回归）、lognormal（var）（对数正态回归）、exponential（指数回归）、mvnormal（Sigma）（多元正态回归）、probit（Probit 回归）、logit（Logit 回归）、poisson（泊松回归）等；eqname 和 param 分别是参数标签和参数名称，priordist 可选择的分布类型有 normal（mu，var）（正态分布）、t（mu，sigma2，df）（t 分布）、lognormal（mu，var）（对数正态分布）、gamma（alpha，beta）（伽马分布）、exponential（beta）（指数分布）、chi2（df）（卡方分布）、bernoulli（p）（伯努利分布）、poisson（mu）（泊松分布）等；rseed（#）是

为了便于重复这一贝叶斯估计而设置的随机种子。

Stata 在贝叶斯估计后对贝叶斯估计量进行估计的命令有：

bayesstats ess

bayesstats summary

bayesstats ic

其中，bayesstats ess 是指有效样本量和相关统计值；bayesstats summary 是指模型参数及其函数的贝叶斯估计量；bayesstats ic 是指用于模型选择的贝叶斯信息准则和贝叶斯因子。

Stata 在贝叶斯估计后可进行的图形绘制命令为：

bayesgraph *grapoptions*

其中，*grapoptions* 是指绘制图形的类型，如 ac 表示自相关图、histogram 表示直方图、kdensity 表示核密度图、matrix 表示散点图矩阵。

Stata 在贝叶斯估计后可进行的假设检验命令为：

bayestest interval

bayestest model

其中，bayestest interval 对模型参数及其函数进行区间假设检验，bayestest model 通过计算模型的后验概率来检验假设。

Stata 在贝叶斯估计后可进行的预测命令为：

bayespredict

此外，除 bayesmh 命令可以进行回归外，在 Stata 中也可以通过使用 “bayes” 这一前缀来进行贝叶斯回归，如贝叶斯线性回归、Probit 回归、Logit 回归、泊松回归的命令分别为：

bayes：regress y x

bayes：probit y x

bayes：logit y x

bayes：poisson y x

在 Stata 中也可以使用 Gibbs 抽样方法来进行贝叶斯估计，但这仅适用于 “regress” 和 “mvreg” 回归中的一些特定先验分布组合，例如：

bayes，gibbs：regress y x

14.3 研究案例与 Stata 操作

本节中笔者利用源于 CLHLS[①] 调查的数据库（ch11～14[②]）进行贝叶斯估计的案例分析。为了便于示例，笔者只保留 2014 年的调查数据，其中有 1470 位 65 岁及以上老年人。

笔者在这里考察哪些因素会与抑郁倾向得分有关，纳入的变量均为二分类变量（包括 *exercise*、*age*、*marriage*、*fruit*、*vegetable*），似然函数选择正态回归，假设先验分布为正态分布，进行贝叶斯线性回归的命令如下：

程序命令

```
• /* 设置工作路径* /
• cd ""
• /* 打开数据* /
• use ch11-14,clear
• /* 设定格式* /
• keep if year==2014
• /* 贝叶斯回归* /
• bayesmh depression i.exercise i.age i.marriage i.fruit i.vegetable,
  likelihood(normal({var})) prior({depression:},normal(0,{var}))
  prior({var},jeffreys)rseed(7)
```

如图 14-1 所示，*exercise*、*marriage*、*fruit* 和 *vegetable* 对 *depression* 的回归置信区间不含 0 值，均处于 0 值左边，即经常参加锻炼、已婚、经常摄入水果和经常摄入蔬菜都是心理健康的保护因素，而年龄与抑郁倾向的关联在统计学意义上不显著。

---

① 可在官方网站（http://opendata.pku.edu.cn/）注册后下载使用。

② 对这个案例数据库的介绍可参见第 11 章“11.2 研究案例与 Stata 操作”部分。

```
(1) Parameters are elements of the linear form xb_depression.

Bayesian normal regression                      MCMC iterations  =     12,500
Random-walk Metropolis-Hastings sampling        Burn-in          =      2,500
                                                MCMC sample size =     10,000
                                                Number of obs    =      1,470
                                                Acceptance rate  =      .1983
                                                Efficiency:  min =    .006106
                                                             avg =     .01088
Log marginal-likelihood = -3894.5441                         max =     .02398

------------------------------------------------------------------------------
             |                                                Equal-tailed
             |      Mean   Std. Dev.     MCSE     Median  [95% Cred. Interval]
-------------+----------------------------------------------------------------
depression   |
    exercise |
        参加 | -1.649632   .1830088   .018987  -1.654297  -1.993166   -1.30458
             |
         age |
   85岁~94岁 | -.1985814   .1956559   .016531  -.2014975   -.589022   .1794811
  95岁及以上 | -.4282557   .3312753   .039794  -.4519725  -1.069493   .2215754
             |
    marriage |
        已婚 |  -.769405   .1790067   .021842  -.7736304  -1.109909  -.4161319
             |
       fruit |
        经常 | -.7551579   .1865328   .016951  -.7580764  -1.108451  -.3774523
             |
   vegetable |
        经常 | -.6960489   .3306324   .037207   -.716438  -1.298584  -.0262713
       _cons |  8.022774   .3211108   .041092   8.048572   7.346488   8.579968
-------------+----------------------------------------------------------------
         var |  11.39962   .4275525   .027609   11.35637   10.63687   12.27223
------------------------------------------------------------------------------
Note: There is a high autocorrelation after 500 lags.
```

图 14-1 贝叶斯回归结果

接下来以对 exercise 的诊断为例来看如何进行收敛性诊断，笔者为模型参数 {depression：1. exercise} 绘制用于收敛性诊断的图，当然也可以添加“_ all”选项为所有参数绘制相应诊断图，scheme （tufte） 是一种关于图形绘制的颜色等搭配的整体性方案，命令如下：

程序命令
• /* 绘图* /
• bayesgraph diagnostics {depression:1. exercise},scheme(tufte)

图 14-2 分别展示了 exercise 的跟踪图、直方图、自相关图和核密度图。

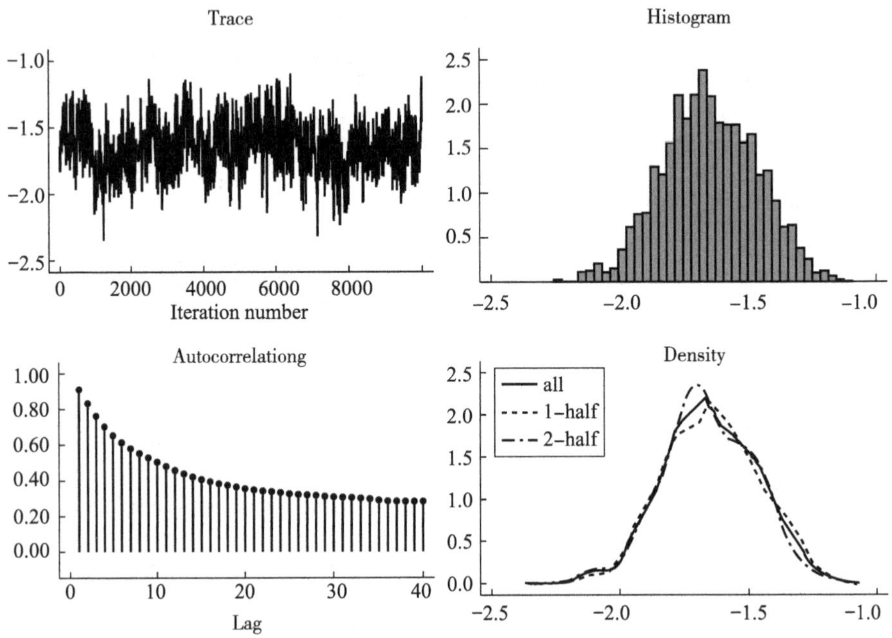

图 14-2　exercise 参数的收敛性诊断图

15

Meta分析与人口健康研究

Meta 分析是在遍布真实与虚假信息的信息世界里就关心的问题全面收集证据、评估有效证据、整合全部证据并进行可靠分析的方法。作为一种可以提供高质量证据的分析途径，其在包括人口健康研究在内的多个研究领域得到了广泛应用。

本章将对 Meta 分析的设计思路、Meta 分析的统计分析方法与 Meta 分析的报告规范进行介绍，关于 Meta 分析可参考的重点推荐学习书籍有 *Cochrane Handbook for Systematic Reviews of Interventions*（Higgins J P et al.，2008）、*Systematic Review in Heath Care*：*Meta-analysis in Context*（Matthias E，2001）、《系统评价/Meta 分析理论与实践》（罗杰等，2013）等，其他参考资料还有 *Introduction to Meta-Analysis*，*Statistical Methods for Meta-Analysis*（Hedges LV et al.，1985）、《实用循证医学方法学》（张天嵩等，2014）、《应用 Stata 做 Meta 分析》（曾宪涛等，2019）等。

15.1 Meta 分析的设计思路

15.1.1 Meta 分析简介

英国著名流行病学家 Archie Cochrane 于 1972 年在英国医学杂志（*British Medical Journal*，BMJ）上发表的经典作品 *Effectiveness and Effi-*

ciency: *Random Reflections on Health Services*（Cochrane A, 1972）奠定了循证医学（Evidence-Based Medicine, EBM）这一杰出理论与实践的基石，循证医学这一概念是由 David Sackett 及其学生于 1992 年在《美国医学会杂志》（*Journal of the American Medical Association*, JAMA）上发表的 *Evidence-Based Medicine*: *A New Approach to Teaching the Practice of Medicine*（Guyatt G et al., 1992）一文中正式提出的，后来 Iain Chalmers 在 1992 年和 1993 年分别成立了世界上第一个循证医学中心（英国 Cochrane 中心）和 Cochrane 协作网（the Cochrane Collaboration, CC）。Cochrane 协作网旨在全球收集、总结和更新医学研究中的系统综述以帮助人们利用高质量信息做出健康决定，其运营的 Cochrane Library① 数据库包含了不同类型的高质量独立证据以为医疗决策提供参考。循证医学是整合了最佳临床证据、临床经验和患者价值观的一门学科（张天嵩等，2014），在实际操作中，意即在整合高质量人群研究的基础上，通过评估不同干预措施可能带来的危害或益处的可能性来辅助决策。

证据提供和证据使用两相配合，构成了循证医学的核心内容。系统综述（Systematic Reviews, SR）是可以提供证据的重要方法，其旨在参照一定的纳入排除标准来尽可能全面地收集关于某一研究问题的研究，并在对纳入的研究进行偏倚风险和研究质量评估后对所有研究结果进行合并分析（定量或定性），以得到对原始研究问题的可信证据（田金徽等，2018）。值得一提的是，Cochrane 系统综述（Cochrane Systematic Reviews, CSR）被认为是目前质量更胜一筹的系统评价，其由 Cochrane 协作网成员在统一的指导手册及 Cochrane 评估组系统的指导与帮助下完成，质量控制措施非常严格。

Meta 分析（Meta Analysis, MA）可能被纳为系统综述过程的一部分，但其并不必然被运用于系统综述中，Meta 分析本质上也是一种统计学方法（罗杰等，2013）。Meta 分析广泛地收集并筛选围绕某一议题的独立研究，进而总结合并不同研究，以得到统计效力更强和精确性更高的结论。有学

① 资料来源：https://www.cochranelibrary.com/。

者总结了健康研究领域的 14 种综述（review）类型（Grant M J et al.，2009），系统综述和 Meta 分析也位列其中。虽然不同的评价类型并不是相互排斥的，但系统综述和 Meta 分析也有不少区别。可以把 Meta 分析理解为利用量化方法来汇总若干项研究结果的系统综述，即定量系统综述（quantitative systematic review），而系统综述不一定要使用统计学方法对研究结果进行合并，可以仅进行定性的描述性分析，即定性系统综述（qualitative systematic review）。

尽管 Meta 分析可能存在检索及获取研究资料不全面、未能很好地处理所纳入研究的异质性（如临床异质性、方法学异质性和统计学异质性）等风险和挑战，但其对于处理研究结论不一致或研究结论虽一致但准确性及稳健性欠佳的研究问题依然有较大优势，且除了关注健康的公共卫生、生物医学和流行病学等领域，也越来越多地被应用于天文学等自然科学和心理学等社会科学中。

由于 Meta 分析常被用于两种干预措施效果的比较，而实践中也往往面临多种干预措施的比较，因此适用于基于多项研究来分析两个以上干预方式之间直接或间接比较结果的合并结果的网状 Meta 分析（Network Meta-Analysis，NMA）（田金徽等，2018）也应运而生。

15.1.2 Met4a 分析过程

Meta 分析的重点是检验研究结果之间的差异来源，以及对相似性较高的研究结果进行统计分析。根据不同的标准可以将 Meta 分析划分为不同类型，如依据研究设计类型可以分为干预性 Meta 分析、诊断性 Meta 分析、观察性 Meta 分析等。Cochrane 指南将包括 Meta 分析在内的系统综述步骤概括为以下 10 条（Higgins J P et al.，2008）：

（1）确定需要进行评价的研究问题：研究问题是尚没有明确答案的重要议题。

（2）制定纳入和排除研究的标准：纳入研究的标准可参照“PICOS”原则，即“P”为参与者（participant）、患者（patient）或疾病（disease），“I”为干预（intervention）或暴露（exposure），“C”为对照（control）或比较（comparison），"O"是指结局（outcome）或终点（endpoint），"S"是指研究设计类型（study design）（曾宪涛等，2019）。

（3）制定检索策略并检索相关研究：检索策略的制定是可以不断修正的，需要进行全面的记录。

（4）筛选研究和收集资料：根据纳入和排除标准筛选研究和收集资料，可利用 Endnote、NoteExpress、Microsoft Access、Microsoft Excel 等软件进行文献资料的收集、整理和筛选。

（5）评估所纳入研究的偏倚风险：有多种工具可应用于原始研究的质量评估，如 Cochrane 风险偏倚评估工具（the Cochrane Collaboration's Tool for Accessing Risk of Bias）、Newcastle－Ottawa 量表（Newcastle－Ottawa Scale，NOS）等，可以根据不同的研究类型来选择对应的质量评估工具。

（6）分析数据和进行 Meta 分析：首先，可以通过 Meta 回归、亚组分析、敏感性分析等处理异质性问题。其次，在统计分析方面，Meta 分析有一些独特的统计指标、统计模型和可视化表达方式。在统计指标上，可以因应所纳入的原始研究类型和数据类型来选择不同的效应量（effect measures），例如，围绕分类变量的比值比、危险比、风险比和危险差（Risk Difference，RD），围绕定量数据的加权均数值（Weight Mean Difference，WMD）和标准化均数值（Standardized Mean Difference，SMD）；在统计模型上，有古典学派和贝叶斯学派等类别，古典学派可以选择固定效应模型或随机效应模型，前者适用于研究间异质性较低的情形，后者适用于研究间异质性较高的情形，关于贝叶斯学派的贝叶斯模型可参见第 14 章的介绍；在可视化表达上，有利用效应量和置信区间对纳入的单个研究结果和合并结果进行表达的森林图（forest plot）、定性展示和评估测量误差的漏斗图（funnel plot）和展示结局指标随着暴露水平变化而变化过程的剂量-反应图（dose-response relations）等。

（7）定位并解决报告偏倚：对选择性报告研究结果的报告偏倚进行阐释。

（8）呈现结果和制作关于研究发现要点的表格：呈现研究结果，说明研究结果对实践、政策及未来研究的启发。

（9）解释结果和阐释结论：在解释结果和阐释结论之外，也需要充分阐明研究的局限性。

（10）更新和完善：Meta 分析理应汇总关于某一研究问题的所有优质证据，因此应该随着新的研究证据的出现而持续更新，进行注册会更有利于 Meta 分析的不断更新。

值得注意的是，为了提高 Meta 分析的研究质量、避免研究过程中的偏倚和可能出现的重复研究以及加强国际合作，建议研究者在进行 Meta 分析研究时进行注册。可以选择的注册平台包括 Cochrane 协作网①、PROSPERO 系统综述国际前瞻性登记（International Prospective Register of Systematic Reviews）②、Joanna Briggs 机构（Joanna Briggs Institute，JBI）③、Campbell 协作网（Campbell Collaboration）④、环境证据协作网（Collaboration for Environment Evidence，CEE）⑤ 等。

15.2 Meta 分析的统计分析方法

Stata⑥ 中的 Meta 分析都需要加前置命令“meta”，可以对 Meta 数据进行效应量的计算、描述统计、绘图和异质性探索等一系列操作。

首先，Stata 中计算及比较效应大小的命令为 meta esize，具体而言，计算并声明两组连续变量比较的效应大小的命令为：

meta esize n1 mean1 sd1 n2 mean2 sd2

其中，1 代表处理组，2 代表控制组，n、mean 和 sd 分别代表样本规模、均值和标准差。

计算并声明两组二分类结果比较的效应大小的命令为：

meta esize n11 n12 n21 n22

① 资料来源：https：//www. cochrane. org/。

② 资料来源：https：//www. crd. york. ac. uk/PROSPERO/。

③ 资料来源：https：//jbi. global/。

④ 资料来源：https：//www. campbellcollaboration. org/。

⑤ 资料来源：https：//environmentalevidence. org/。

⑥ 本章所有命令都在 Stata16. 0 软件中进行。

其中，n11、n12、n21、n22 分别代表处理组成功的数量、处理组失败的数量、对照组成功的数量和对照组失败的数量，即其构成了一个 2×2 列联表。

Stata 运行 Meta 分析的描述统计命令为：

meta summarize, *subgroup*（）*cumulative random fixed*

其中，*subgroup*（）表示对每个变量进行亚组 Meta 分析；*cumulative* 表示累积 Meta 分析；*random* 表示随机效应；*fixed* 表示固定效应，下同。

其次，Stata 绘制森林图的命令为：

meta forestplot, *subgroup*（）*cumulative random fixed*

最后，Stata 进行异质性探索的方式有 Meta 回归、绘制 L´Abbé 图和绘制气泡图，进行 Meta 回归的命令为：

meta regressx, *reports*

其中，reports 选项可以是 tau2（#），指研究间方差 τ^2 的固定值（用于敏感性分析），也可以是 i2（#），指异质性统计量 I^2 的固定值（用于敏感性分析），还可以是 se（seadj），指系数的调整标准误。

Stata 绘制用于比较两组的二分类结果的 L´Abbé 图的命令为：

meta labbeplot

Stata 绘制气泡图的命令为：

estat bubbleplot

其需要在运行加入一个连续调节变量的 Meta 回归后进行，呈现了关心的调节变量效应量与预测的回归线及其置信区间带的重叠程度，气泡大小与所纳入研究的权重成比例。

由于 Meta 分析是二次分析，需要围绕某个具体研究问题而收集并筛选多个原始研究，故本节没有展示具体操作性案例，可参见相关 Meta 分析的研究论文，例如，H-J Li 等（2021）利用全基因组关联研究和 Meta 分析探索了汉族人中与双向情感障碍基因风险相关联的新风险位点。

15.3 Meta 分析的报告规范

因为 Meta 分析本身是不断迭代重复的过程，一个规范的报告有助于清晰明确地呈现整个研究过程，在提高研究质量、避免报告偏倚的同时，也有助于读者更便捷地找到自己所关心的内容。针对不同的 Meta 分析类型，有多种报告规范可供选择。本节主要介绍系统综述和 Meta 分析的优先报告条目声明（Preferred Reporting Items for Systematic Reviews and Meta-analyses，PRISMA）这一报告规范①，其适用于临床干预性研究和观察性研究。

PRISMA 声明最初发布于 2009 年（Moher D et al.，2009），帮助研究者报告为什么要做这项综述、作者进行 Meta 分析的过程以及作者的发现等一系列研究过程与结果，包括清单和流程图两个部分，2020 年补充完善后的 PRISMA 声明修订版也已发布。表 15-1 和图 15-1 展示了 PRISMA 声明 2020 年版的清单和流程（针对纳入数据库和登记册的 Meta 分析）的中文版本，其英文版本可参见相关论文（Page M J et al.，2021）。

表 15-1 PRISMA 清单（2020 年版）

主题	序号	清单项目	条目报告位置
		题目	
题目	1	识别这个报告是系统综述/Meta 分析	
		摘要	
摘要	2	包含背景（目标）、方法（纳入排除标准、资料来源、偏倚风险评估方法、整合结果方法）、结果（纳入的研究数量和特征、报告主要结果）、讨论（纳入证据的局限性、对研究结果的解释）、其他（资助来源、注册名称和注册号）	
		引言	
合理性	3	介绍在已有知识背景下这一研究的合理性	
目标	4	提供关于系统综述所解决研究问题的准确描述	
		方法	
合适的标准	5	界定研究的纳入排除标准以及如何为研究分组	
信息来源	6	说明检索资料过程中的数据库、登记册、网站、机构、参考文献清单、最后检索日期等	

① 关于 PRISMA 声明的各种资料均可从其官方网站（http：//prisma-statement. org/）上下载使用。

续表

主题	序号	清单项目	条目报告位置
检索策略	7	呈现关于数据库、登记册、网站的完整检索策略，包括过滤器和限制条件	
选择过程	8	说明在决定一项研究是否符合纳入标准时所采用的方法，包括有多少位研究者初筛了每条记录和每份被检索的报告、研究者是否独立工作，如果可能，使用自动化工具的细节也应被囊括其中	
资料收集过程	9	说明从报告中收集资料的方法，包括有多少位研究者从每份报告中收集数据、研究者是否独立工作、从研究人员处获取或确认数据的过程，如果可能，使用自动化工具的细节也应被囊括其中	
资料条目	10a	列出并定义所有要寻找数据的结果，说明是否寻找了与每项研究中每个结果域兼容的所有结果（如度量、时间点、分析），如果没有，说明使用哪些方法来决定收集哪些结果	
	10b	列出并定义所有要寻找数据的变量（如参与者、干预特征、资助来源）。描述关于缺失或不清晰信息的假设	
偏倚风险评估	11	说明评估纳入研究的偏倚风险的方法，包括所用工具的细节、有多少位研究者初筛了每条记录和每份被检索的报告、研究者是否独立工作，如果可能，使用自动化工具的细节也应被囊括其中	
效应指标	12	说明在合成或展示结果时使用的结局效应指标［如风险比）均值差］	
合成方法	13a	描述决定研究是否可以用于合成的过程［如将研究干预特征列成表，并与每一个合成的计划组进行比较（参见条目 5)］	
	13b	描述为了展示或合成资料所需的方法，如处理丢失的汇总统计数据或数据转换	
	13c	描述用于列表或可视化单个研究结果和合成结果的方法	
	13d	描述用于合成结果和为选择提供合理性的方法。如果进行了 Meta 分析，还需要指出进行异质性分析的模型、方法和软件包	
	13e	描述用于探索可能的异质性原因的方法（如亚组分析、Meta 回归）	
	13f	描述用于评估合成结果稳健性的敏感性分析	
偏倚评估	14	描述用于评估在合成中由于结果缺失而引起偏倚风险的方法（源自报告偏倚）	
稳健性评估	15	描述用于评估结果证据的确定性（或可信度）的方法	

续表

主题	序号	清单项目	条目报告位置
		结果	
纳入研究选择	16a	描述从检索中确定的记录数量从纳入评估的研究数量的所有检索结果和选择过程，最好提供一个流程图	
纳入研究选择	16b	引用那些可能符合纳入标准但被排除的研究并解释为什么其被排除	
纳入研究特征	17	引用每个被纳入的研究并呈现其特征	
研究中的偏倚风险	18	提供对每个被纳入研究的风险偏倚的评估	
单个研究的结果	19	对每项研究的所有结果，都要提供：（a）每个组别的描述统计；（b）效应估计值和准确性（如置信区间），最好使用结构化的表或图	
合成结果	20a	简短总结每个合成的特征与偏倚风险	
合成结果	20b	呈现进行的所有统计合成的结果。如果进行了 Meta 分析，还需要呈现每个结果的描述统计、准确性（如置信区间）和统计异质性的测量。如果进行了组间比较，应描述效应的方向	
合成结果	20c	提供探索异质性可能原因的结果	
合成结果	20d	提供用于评估合成结果稳健性的敏感性分析结果	
报告偏倚	21	提供评估每个合成结果由于结果缺失（源自报告偏倚）而引起偏倚风险的结果	
证据可靠性	22	提供对每个评估结果的证据进行确定性（或可信度）评估的结果	
		讨论	
讨论	23a	提供在其他证据背景下对结果的总体性理解	
讨论	23b	讨论纳入系统综述的证据的局限性	
讨论	23c	讨论系统综述过程的局限性	
讨论	23d	讨论结果对实践、政策和未来研究的启示	

续表

主题	序号	清单项目	条目报告位置
其他信息			
注册和协议	24a	提供系统综述的注册信息，包括注册名称和注册号，或说明没有进行注册	
	24b	指明可访问审阅协议的位置，或说明未准备协议	
	24c	描述并解释对注册或协议信息的修改	
资金支持	25	描述资金或非资金支持以及资金提供者在系统综述中的角色	
利益冲突	26	声明作者没有利益冲突	
资料、代码和其他资料的可得性	27	报告以下哪些内容是公开的以及在哪里可以找到它们：模板数据收集表格；从纳入的研究中提取的数据；用于分析的数据；分析代码；系统综述中使用的任何其他材料	

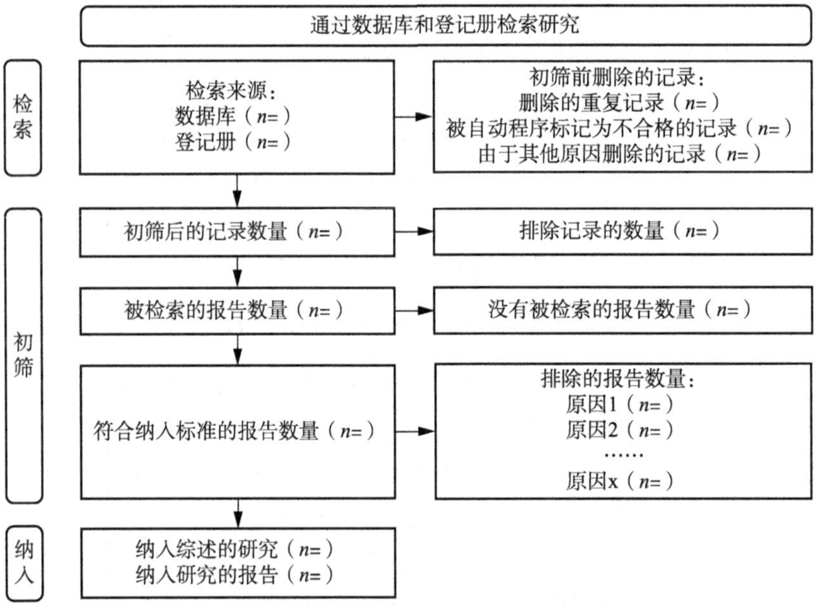

图 15-1　PRISMA 文献筛选流程（2020 年版）

16

人口健康研究结果与图表呈现

本章中笔者按照描述性研究、影响因素分析、因果关系建立的顺序，对人口健康研究结果与图表的呈现加以总结和展示，以帮助研究者更好地表达和呈现研究结果。

16.1 人口健康研究结果的表达

在实际研究中，无论是何种研究类型，对结果的表达首先都要通过文字进行，将研究的主要结果按照一定的逻辑顺序加以展示。同时，要注意文字与图表的有机结合，以多样化的形式增加研究结果的可读性。

在进行结果描述时，应注意以下几个原则：

（1）全面且详略得当：就内容而言，对研究结果的描述要务必全面，不能有所遗漏。然而在全面的同时，也要注意详略得当，尤其是注意某些在图表中展示过的内容，不必以大段文字再次重复描述。

（2）文、表、图结合：在人口健康研究的结果描述中，文字、表格和图片都是重要的结果展示类型，三者的有机结合既能增加研究结果的可读性，也能合理利用空间，提高表达的效率。图表的表达在不同的学科中有不同的要求。在人口健康研究中，表格常以三线表的方式展现，表题目在上，表下可加注；图片据研究需要可以为彩图或黑白图，图题目在图下，其后可加注。

（3）合理的逻辑顺序：对结果的描述要根据一定的顺序开展，如从对象基本特征到关键结果特征、从描述性结果到推断性结果、从现状描述到因素分析或因果关系相关结果等。

16.2 人口健康研究图表的呈现

16.2.1 研究对象特征描述

研究对象的特征常常较多，因此常通过一个表格加以集中展示，并以文字概括描述的方式来高效利用空间。表 16-1 为一般的研究对象特征描述。

表 16-1 研究对象的特征

特征	频数/均值/中位数	百分比（%）/标准差/四分位间距
分类变量 var1		
类 1	N1	%
类 2	N2	%
分类变量 var2		
类 1	N1	%
类 2	N2	%
类 3	N3	%
连续变量 var3（正态分布）	N4	N5
连续变量 var4（偏态分布）	N6	N7

16.2.2 现状描述

健康现状的结果描述与研究对象特征的描述基本相似，也适用于同样的三线表的表达方式。不过，对于一些重要的现状结果，还可以结合饼图、柱形图等常见的展示结构和绝对数的图形加以展示。在做图时，可以依照研究最终展示的环境要求（如相关杂志的要求、毕业论文的要求等），选择是否使用彩图。在不便使用彩图时，可通过善用黑白图的形式丰富图的信息传递，如使用不同的填充图形和渐变色，但要注意做好图例，并可恰当标注数字，如图 16-1 所示。

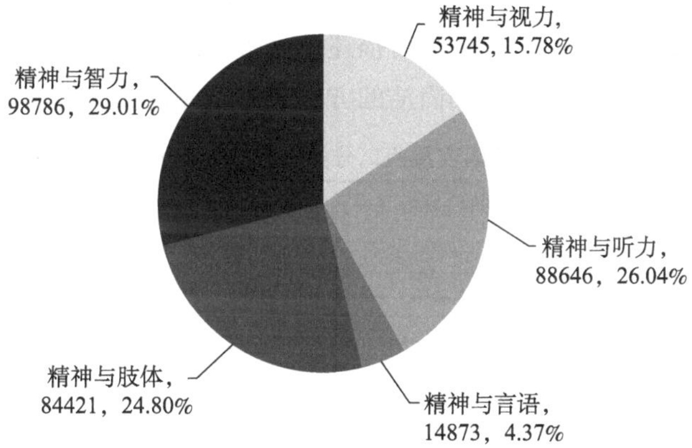

图 16-1　精神与躯体共残中不同躯体残疾的分布

资料来源：郭超．中国老年精神与躯体共残现状及影响因素研究［D］．北京：北京大学，2016：54.

此外，在有横、纵坐标轴的图中，还要格外注意标清坐标轴名称和单位，如图 16-2 所示。

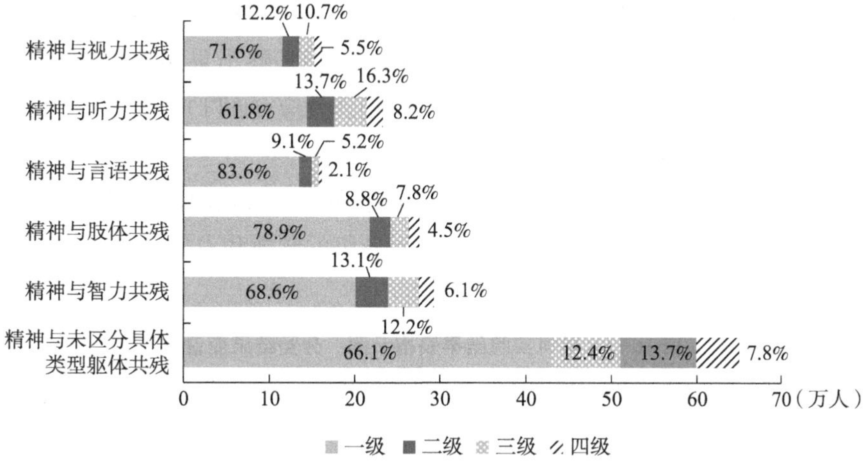

图 16-2　各类型精神与躯体共残的残疾严重程度

资料来源：郭超．中国老年精神与躯体共残现状及影响因素研究［D］．北京：北京大学，2016：55.

16.2.3 影响因素分析

通过表 16-2 展示了对一般的以二分类变量为因变量的影响因素分析结果的归纳整理方法，该表格可将描述性分析中的一些关键结果与 Logistic 回归结果融合在一起，以更加简洁的方式节省研究论文的空间。

表 16-2 常见的因变量为二分类变量的影响因素分析结果

影响因素	各层频数	关注的结果数（%）	*OR* 值	95% *CI*	*P*
分类变量 var1					
类 1	N1	n1（%）	1.00	—	—
类 2	N2	n2（%）	××.××	××.××—××.××	×.×××
分类变量 var2					
类 1	N1	n1（%）	1.00	—	—
类 2	N2	n2（%）	××.××	××.××—××.××	×.×××
类 3	N3	n3（%）	××.××	××.××—××.××	×.×××
连续变量 var3	—	—	××.××	××.××—××.××	×.×××
……					

16.2.4 因果推断

本书介绍了多种处理效应估计的方法，以检验变量之间的因果关系。不同的估计方法涉及的过程性结果可能不同，但最终结果还是要展示关键的平均处理效应（ATE）或处理组的平均处理效应（ATT）。

（1）随机实验

在随机实验中，结果主要是展示实验组和对照组相应的结果变量的差异。当结果变量是分类变量时，主要展示各组的频数和占比，并展示 χ^2 检验的结果，如表 16-3 所示。

表 16-3 随机实验结果表格示例：分类结果变量

特征	实验组			对照组			χ^2 值	*P* 值
	样本数	结果数	%	样本数	结果数	%		
分类变量 var1							××.××	××.×××
类 1	N1	n1	%	N1	n1	%	—	—
类 2	N2	n2	%	N2	n2	%	—	—

当结果变量为连续变量（正态分布）时，则主要展示各组的均值和标准误，并可将实验组和对照组的差异表达出来（见表 16-4）。

表 16-4 随机实验结果表格示例：连续结果变量

分组	样本数	均值	标准差	*t* 值	*P* 值
实验组	N1	××. ××	××. ××	××. ××	××. ×××
对照组	N2	××. ××	××. ××	—	—
差异	—	××. ××	××. ××	—	—

（2）倾向值匹配

倾向值匹配方法的结果往往需要同时展示多种匹配方式，因此常合并在一起。对于有多个处理变量、结果变量的复杂研究，可以通过表格展示出来，如表 16-5 所示。

表 16-5 倾向值匹配结果表格示例

处理变量	匹配方式	结果变量			
		Y1	Y2	Y3	Y4
X1	近邻匹配	××. ×××***	××. ×××**	××. ×××*	××. ×××***
	半径匹配	××. ×××*	……	……	……
	核匹配	××. ×××**	……	……	……
X2	近邻匹配	××. ×××***	……	……	……
	半径匹配	××. ×××	……	……	……
	核匹配	××. ×××***	……	……	……

注：表中为平均处理效应（ATT）值；*、**、***分别表示在 10%、5%、1%的显著性水平显著。匹配变量见变量测量部分的控制变量。

（3）其他处理效应分析方法结果

对于倾向值加权、倍差法、工具变量法、贝叶斯估计等以回归形式开展的分析，结果的表格展示类似于常见的回归结果，只不过不再像影响因素分析一样需要罗列出包含控制变量的所有结果，而是可仅展示主要研究的处理变量结果。此外，还可根据具体的分析方法涉及的检验方式，通过文字或特别的图表等展示相关检验的结果。具体可见各章的研究示例，此处不再赘述。

16.3 结果展示其他应注意的内容

（1）注意结果展示的细节

在研究结果展示中，无论是文字还是图表，信息的准确是第一要务。因此对研究结果要反复检查核对，尤其应注重以下几个方面的结果数据核对：

①统计软件输出结果与归纳展示的图表内结果；

②归纳的图表内结果与文字描述段落内的结果；

③正文文字、图表内的结果与文章摘要的结果。

此外，在保证准确性之后，研究者也可以对结果展示的美观性和一致性加以关注。例如，文字段落最好不要出现孤行；表格最好不要跨页，如跨页需重复表头，或者拆分；注意页码、标题和图表序号的顺序；注意同类标题命名的一致性等。

（2）善用附录补充展示结果

在一些研究中，由于版面和字数限制，无法在正文中对全部研究结果进行详细叙述，可以通过附录的形式补充展示结果，以帮助读者更好地理解研究。附录中可以纳入的研究结果相关内容包括：

①一些具体的研究方法，尤其是正文内不便列入的公式推导；

②便于读者加深理解的辅助性数据结果和由此归纳总结的图表；

③研究中使用的缩写和符号的释义列表；

④无法在正文中展示的自主设计的调查问卷、访谈提纲；

⑤研究分析的统计软件相关的程序和说明；

⑥其他任何必要的对正文内容的补充。

参考文献

［1］［美］阿巴斯·塔沙克里，查尔斯·特德莱．混合方法论：定性方法和定量方法的结合［M］．唐海华，译．重庆：重庆大学出版社，2010.

［2］［美］波尔·路易斯，托马斯·理查德．健康人口学［M］．陈功，庞丽华，译．北京：北京大学出版社，2005.

［3］曾宪涛，任学群．应用 Stata 做 Meta 分析：第二版［M］．北京：中国协和医科大学出版社，2019.

［4］车文博．心理咨询大百科全书［M］．杭州：浙江科学技术出版社，2001.

［5］陈强．高级计量经济学及 Stata 应用：第二版［M］．北京：高等教育出版社，2014.

［6］杜本峰．卫生政策与项目影响评估——量化方法与应用［M］．北京：中国人民大学出版社，2016.

［7］方向明，梁华平．麻醉实验学［M］．杭州：浙江大学出版社，2013.

［8］冯契．哲学大辞典［M］．上海：上海辞书出版社，2007.

［9］傅军和．基于先验信息的贝叶斯统计检验和经典统计检验的比较［J］．统计与决策，2008（2）：155-156.

［10］谷鸿秋．临床研究统计分析思路与统计图表概述［J］．中国循证心血管医学杂志，2018a，10（7）：785-788.

［11］谷鸿秋．临床研究中敏感性分析的统计思路与统计图表［J］．中国循证心血管医学杂志，2018b，10（10）：1166-1169，1178.

［12］谷鸿秋．临床研究中危险因素分析的统计思路与统计图表［J］．中国循证心血管医学杂志，2018c，10（11）：1296－1298.

［13］郭超．中国老年精神与躯体共残现状及影响因素研究［D］．北京：北京大学，2016.

［14］［美］郭申阳，马克·W. 弗雷泽．倾向值分析：统计方法与应用［M］．郭志刚，巫锡炜，译．重庆：重庆大学出版社，2012.

［15］国务院第七次全国人口普查领导小组办公室．第七次全国人口普查方案［EB/OL］．http：//www. wlmq. gov. cn/fjbm/tjj/pcdc/485008. htm.

［16］洪永淼．计量经济学的地位、作用和局限［J］．经济研究，2007，42（5）：15.

［17］胡咏梅，冯羽．教育研究质量的综合评价［J］．教育学报，2011，7（4）：80－88.

［18］贾新明，刘亮．结构方程模型与联立方程模型的比较［J］．数理统计与管理，2008，27（3）：8.

［19］［美］Kotz S，吴喜之．现代贝叶斯统计学［M］．北京：中国统计出版社，2000.

［20］李文钊．因果推理中的潜在结果模型：起源、逻辑与意蕴［J］．公共行政评论，2018，11（1）：124－149，221－222.

［21］李智文，刘建蒙，任爱国．基于个体的标准化法——倾向评分加权［J］．中华流行病学杂志，2010（2）：223－226.

［22］李忠尚．软科学大辞典［M］．沈阳：辽宁人民出版社，1989.

［23］李子奈．我国计量经济学发展的三个阶段与现阶段的三项任务［J］．经济学动态，2008（11）：6.

［24］刘福岭．现代医学辞典［M］．济南：山东科学技术出版社，1990.

［25］卢之超．马克思主义大辞典［M］．北京：中国和平出版社，1993.

［26］陆雄文．管理学大辞典［M］．上海：上海辞书出版社，2013.

［27］罗杰，冷卫东．系统评价/Meta 分析理论与实践［M］．北京：

军事医学科学出版社，2013.

[28] 邱均平，沈恝谌，宋艳辉．近十年国内外计量经济学研究进展与趋势——基于 Citespace 的可视化对比研究［J］. 现代情报，2019，39（2）：26-37.

[29] 宋国华．保险大辞典［M］. 沈阳：辽宁人民出版社，1989.

[30] 田金徽，李伦．网状 Meta 分析方法与实践［M］. 北京：中国医药科技出版社，2018.

[31] 汪寿阳，洪永淼，霍红，等．大数据时代下计量经济学若干重要发展方向［J］. 中国科学基金，2019，33（4）：8.

[32] 王孟成．潜变量建模与 Mplus 应用·基础篇［M］. 重庆：重庆大学出版社，2014.

[33] 王少平，胡军．考尔斯基金会对计量经济学的贡献［J］. 经济学动态，2013（2）：88-96.

[34] 王翔朴，王营通，李珏声．卫生学大辞典［M］. 青岛：青岛出版社，2000.

[35] 温忠麟，侯杰泰，马什赫伯特．结构方程模型检验：拟合指数与卡方准则［J］. 心理学报，2004，36（2）：186-194.

[36] 吴喜之．贝叶斯数据分析：基于 R 与 Python 的实现［M］. 北京：中国人民大学出版社，2020.

[37] 吴忠观．人口科学辞典［M］. 成都：西南财经大学出版社，1997.

[38] 武广华，臧益秀，刘运祥，等．中国卫生管理辞典［M］. 北京：中国科学技术出版社，2001.

[39] 向洪，张文贤，李开兴．人口科学大辞典［M］. 成都：成都科技大学出版社，1994.

[40] 杨治良，郝兴昌．心理学辞典［M］. 上海：上海辞书出版社，2016.

[41] 张天嵩，钟文昭，李博．实用循证医学方法学（第二版）［M］. 长沙：中南大学出版社，2014.

[42] 郑家亨. 统计大辞典 [M]. 北京：中国统计出版社，1995.

[43] 郑晓瑛. 中国人口科学四十年 [M]，北京：商务印书馆，2019.

[44] 中国营养学会. 营养科学词典 [M]. 北京：中国轻工业出版社，2013.

[45] 朱新玲. 马尔科夫链蒙特卡罗方法研究综述 [J]. 统计与决策，2009 (21)：151-153.

[46] Acock A. Discovering structural equation modeling using Stata [J]. Stata Press books，2013.

[47] Allison P D. Event history analysis [M]. Sara Miller McCune，Sage Publications，Inc，1984.

[48] Anderson T W，Hsiao C. Estimation of dynamic models with error components [J]. Journal of the American Statistical Association，1981，76 (375)：598-606.

[49] Angrist J D，Pischke J S. Mostly harmless econometrics：an empricist's companion [M]. Princeton，New Jersey：Princeton University Press，2009.

[50] Arellano M，Bond S. Some Tests of specification for panel data：monte carlo evidence and an application to employment equations [J]. The Review of Economic Studies，1991，58 (2)：277-297.

[51] Arellano M，Bover O. Another look at the instrumental variable estimation of error-components models [J]. Journal of Econometrics，1995，68 (1)：29-51.

[52] Australian Institute of Health and Welfare. Australia's health 2006 (AIHW cat. no. AUS 73) [M]. Canberra：AIHW，2006.

[53] Baron R M，Kenny D A. The moderator-mediator variable distinction in social psychological research：conceptual，strategic，and statistical considerations [J]. J Pers Soc Psychol，1986，51 (6)：1173-1182.

[54] Becker S O，Ichino A. Estimation of average treatment effects based

on propensity scores [J]. The Stata Journal, 2002, 2 (4): 358-377.

[55] Blundell R, Bond S. Initial conditions and moment restrictions in dynamic panel data models [J]. Journal of Econometrics, 1998, 87 (1): 115-143.

[56] Bolstad W M. Introduction to bayesian statistics, 2nd edition [M]. John Wiley & Sons, Inc, 2007.

[57] Bolstad W M. Understanding computational bayesian statistics [M]. John Wiley & Sons, Inc, 2010.

[58] Breen R, Karlson K B, Holm A. Total, direct, and indirect effects in Logit and Probit models [J]. Sociological Methods & Research, 2013, 42 (2): 164-191.

[59] Bruno G. Approximating the bias of the LSDV estimator for dynamic unbalanced panel data models [C]. Economics Letters, 2005: 361-366.

[60] Caliendo M, Kopeinig S. Some practical guidance for the implementation of propensity score matching [J]. Journal of Economic Surveys, 2008, 22 (1): 31-72.

[61] Chen C. CiteSpace Ⅱ: Detecting and visualizing emerging trends and transient patterns in scientific literature [J]. Journal of the American Society for Information Science and Technology, 2006, 57 (3): 359-377.

[62] Chen C, Hu Z, Milbank J, et al. A visual analytic study of retracted articles in scientific literature [J]. Journal of the American Society for Information Science and Technology, 2012, 234-253.

[63] Christopoulos K, Eleftheriou K. The fiscal impact of health care expenditure: evidence from the OECD countries [J]. Economic Analysis and Policy, 2020, 67.

[64] Ciapponi A, Belizán J, Piaggio G, et al. There is life beyond the statistical significance [J]. Reproductive Health, 18 (1): 80.

[65] Cleves M, Gould W, Gutierrez R G, et al. An introduction to survival analysis using Stata [M]. Texas StataCorp LP, 2010.

[66] Cochrane A. Effectiveness and efficiency: random reflections on health services [M]. London: Nuffield Provincial Hospitals Trust, 1972.

[67] Commission of the pan American Health Organization on Equity and Health Inequalities in the Americas. Just societies: health equity and dignified Lives. Report of the Commission of the Pan American Health Organization on Equity and Health Inequalities in the Americas [R]. Washington, D.C.: PAHO, 2019.

[68] Congdon P. Applied bayesian modelling [M]. John Wiley & Sons, Ltd, 2003.

[69] Department of Economic and Social Affairs of United Nations. Principles and recommendations for a vital statistics system [M]. New York: United Nations, 2014.

[70] Donkin A, Goldblatt P, Allen J, et al. Global action on the social determinants of health [J]. BMJ Glob Health, 2018, 3 (Suppl 1): e000603.

[71] Efron B. Bootstrap Methods: another look at the jackknife [J]. The Annals of Statistics, 1979, 7 (1): 1-26.

[72] Gelma A, Carlin J B, Stern H S, et al. Bayesian data analysis, 3rd edition [M]. Boca Raton, FL: CRC Press, 2014.

[73] Goodman S. A Dirty dozen: twelve P-Value misconceptions [J]. Semin Hematol, 2008, 45 (3): 135-140.

[74] Göran D, Margaret W. Policies and strategies to promote social equality in health [R]. Stockholm: Institute for Future Studies, 1991.

[75] Grant M J, Booth A. A typology of reviews: an analysis of 14 review types and associated methodologies [J]. Health Information & Libraries Journal, 2009, 26 (2): 91-108.

[76] Greene W H. Econometrics analysis, 4th ed [M]. Upper Saddle River, New Jersey: Prentice Hall, 2000.

[77] Guyatt G, Cairns J, Churchill D, et al. Evidence-based medicine: a new approach to teaching the practice of medicine [J]. JAMA, 1992, 268

(17): 2420-2425.

[78] Hausman J A. Specification tests in econometrics [J]. Econometrica, 1978, 46 (6): 1251-1271.

[79] Hedges L V, Olkin I. Statistical methods for Meta-analysis [M]. San Diego: Academic Press, 1985.

[80] Higgins J P, Green S. Cochrane handbook for systematic reviews of interventions [M]. John Wiley & Sons, Ltd, 2008.

[81] Hu L T, Bentler P M. Fit indices in covariance structure modeling: sensitivity to underparameterized model misspecification [J]. Psychol Methods, 1998, 3 (4): 424-453.

[82] Hu L T, Bentler P M. Cutoff criteria for fit indexes in covariance structure analysis: conventional criteria versus new alternatives [J]. Structural Equation Modeling: A Multidisciplinary Journal, 1999, 6 (1): 1-55.

[83] Iacobucci D, Saldanha N, Deng X. A meditation on mediation: evidence that structural equations models perform better than regressions [J]. J Consum Psychol, 2007, 17 (2): 139-153.

[84] Judd C M, Kenny D A. Process analysis: estimating mediation in treatment evaluations [J]. Evaluation Review, 1981, 5 (5): 602-619.

[85] Kaplan D. Structural equation modeling: foundations and extensions [M]. Thousand Oaks, CA: Sage, 2000.

[86] Karlson K B, Anders H. Decomposing primary and secondary effects: a new decomposition method [J]. Research in Social Stratification and Mobility, 2011, 29 (2): 221-237.

[87] Karlson K B, Holm A, Breen R: comparing regression coefficients between same-sample nested models using Logit and Probit: a new method [J]. Sociological Methodology, 2012, 42 (1): 286-313.

[88] Lehmann H, Zweifel P. Innovation and risk selection in deregulated social health insurance [J]. J Health Econ, 2004, 23 (5): 997-1012.

[89] Leonard T, Mckillop C, Carson J A, et al. Neighborhood effects on

food consumption [J]. Journal of Behavioral & Experimental Economics, 2014, 51 (aug.): 99-113.

[90] Li H J, Zhang C, Hui L, et al. Novel risk loci associated with genetic risk for bipolar disorder among Han Chinese Individuals: a genome-wide association study and Meta-analysis [J]. JAMA Psychiatry, 2021, 78 (3): 320-330.

[91] Machin D, Cheung Y B, Parmar M K. Survival analysis: a practical approach, second edition [M]. John Wiley & Sons, Ltd, 2006.

[92] Matthias E. Systematic review in heath care: Meta-analysis in context [M]. BMJ Publishing, 2001.

[93] Mills M. Introducing survival and event history analysis [M]. Sage, London; Thousand Oaks, Calif, 2011.

[94] Moher D, Liberati A, Tetzlaff J, et al. Preferred reporting items for systematic reviews and Meta-analyses: the PRISMA statement [J]. J Clin Epidemiol, 2009, 62 (10): 1006-1012.

[95] Nichols A. Causal inference with observational data [J]. Stata Journal, 2007, 7 (4): 507-541.

[96] Page M J, Mckenzie J E, Bossuyt P M, et al. The PRISMA 2020 statement: an updated guideline for reporting systematic reviews [J]. Systematic Reviews, 2021, 10 (1): 105906.

[97] Parascandola, Weed. Causation in epidemiology [J]. J Epidemiol Community Health, 2001, 55 (12): 905-912.

[98] Preacher K J, Hayes A F. SPSS and SAS procedures for estimating indirect effects in simple mediation models [J]. Behavior Research Methods Instruments & Computers, 2004, 36 (4): 717-731.

[99] Qin D. The formation of econometrics: a historical perspective [M]. Oxford: Clarendon Press, 1993. 1997.

[100] Qin D. A History of econometrics: the reformation from the 1970s [M]. Oxford: Oxford University Press, 2013.

[101] Samuelson L. Economic theory and experimental economics [J]. J Econ Lit, 2005, 43 (1): 65-107.

[102] Schumacker R E, Lomax R G. A beginner's guide to structural equation modeling, fourth edition [M]. Routledge, Taylor & Francis Group, 2016.

[103] Shadish W R, Cook T D, Campbell D T. Experimental and Quasi-experimental designs for generalized causal inference [M]. Boston: Houghton Mifflin, 2002.

[104] Sobel M. Asymptotic confidence intervals for indirect effects in strucutural equation models [J]. Sociol Methodol, 1982.

[105] Sobel M. Direct and indirect effects in linear structural equation models [J]. Sociological Methods & Research, 1987 (16): 155-176.

[106] Solar O, Irwin A. A conceptual framework for action on the social determinants of health. Social determinants of health discussion paper 2 (Policy and Practice) [R]. Geneva: World Health Organization, 2010.

[107] Valentin, Amrhein, Sander, et al. Scientists rise up against statistical significance [J]. Nature, 2019, 567 (7748): 305-307.

[108] Villa J M. Diff: simplifying the estimation of difference-in-differences treatment effects [J]. The Stata Journal, 2016, 16 (1): 52-71.

[109] WHO. International statistical classification of diseases and related health problems (ICD) [EB/OL]. [2021-10-18]. https://www.who.int/standards/classifications/classification-of-diseases.

[110] World Health Organization. Social determinants of health: key concepts [EB/OL]. [2021-10-20]. https://www.who.int/news-room/q-a-detail/social-determinants-of-health-key-concepts.

[111] Wooldridge J M. Econometric analysis of cross section and panel data [M]. Cambridge, MA: MIT Press, 2002.

[112] Wooldridge J M. Introductory econometrics: a modern approach, 2nd edition [J]. South-Western, a division of Thomson Learning, 2003.

[113] World Health Organization. International classification of functioning, disability, and health (ICF) [M]. Geneva: World Health Organization, 2001.

[114] Zhao X, Lynch J G, Jr., et al. Reconsidering baron and kenny: myths and truths about mediation analysis [J]. Journal of Consumer Research, 2010, 37 (2): 197-206.

索　引

后　记

在本书即将出版之际，笔者真诚感谢在北京大学、斯坦福大学、中国人民大学等学校曾经给予笔者悉心指导和无私帮助的诸位师长，感谢编辑贺静在本书出版过程中的辛勤付出。本书的部分内容在北京大学人口研究所开设的“人口健康量化研究方法与应用”“健康管理与健康评估”“人口科学专题研究”等课程中进行了讲授，其间笔者在与学生的交流研讨中也获得了许多启发，在此向曾参与课堂学习与讨论的各位同学一并表示感谢。

本书得以付梓，受到国家自然科学基金（项目号 82103955）、北京大学经济与管理学部课程建设项目（项目号 7100901906）和北京大学人文社科人才启动项目（项目号 7100603693）的资助，其中部分方法在笔者承担的国家社会科学基金等项目成果中有所应用，在此特别感谢国家各级科研经费的支持。囿于笔者学识，虽学习参考了诸多经典著作与国内外文献，并经反复校对，但本书错漏及不周之处仍在所难免，恳请诸位读者不吝批评指正，如有赐教，可通过邮箱（chaoguo@pku.edu.cn；hxy@stu.pku.edu.cn）与笔者联系。本书所涉及的 Stata 案例数据及命令均可通过扫描所附二维码获取，以供读者练习使用。

郭　超　胡曦元

2022 年 3 月 22 日于北大燕园